JN246621

自分の人生が愛おしくてたまらなくなる
100の質問ノート

長谷川朋美

自分を最強のパートナーにするセルフコーチング【完全版】

大和書房

はじめに

失恋をチャンスに変えたロンドン一人旅

こんにちは、長谷川朋美です。

あなたは自分自身とどのくらい仲良しですか？

また、**お互いの関係を表すとしたら、どのようなものですか？**

困ったときに悩みを聞いてくれる友人というくらいでしょうか。

それとも、わかり合える同志？　ライバル？　はたまた、頼りにならない奴……とか、悲しいけど嫌いな存在ですか？

私は、自分のことを「最強のパートナー」だと思っています。

自信はあまりないほうでしたが、あるときから、自分の中の自分が「大丈夫だよ！」「必ずできるよ！」「ちゃんと見てるよ！」って、いつも私のことを励ましてくれるのがわかるようになったのです。

こうやって自分との対話をするようになってから、自信が湧いてくるのを感じ、前向きに生きていけるようになりました。

孤独を感じたり、やるせない気持ちになったり、自信を失っている人は、あなたがダメなのではなく、もしかしたら自分との対話が十分にできていないからかもしれません。

この本では、私が100％ありたい自分で生きられるようになった「**セルフコーチング**」について、みなさまのヒントとなるようなことを詰め込みました。

セルフコーチングとは、自分で自分に質問をして、その答えから気づきを得ていくこと。「答えはすべて自分の中にある」という考え方に基づいています。

私が普段、自分とどのようにコミュニケーションをとり、どんな質問をしているか、どうやって「自分を最強のパートナー」にしてきたかについてすべて書きたいと思います。

自分を最強のパートナーにすると、

- 自分に嘘のない、納得した生き方ができるようになる
- 自分に自信が持てるようになる
- 夢がどんどん実現する

こんなことが驚くくらいのスピードで叶えられていきます!!

109のカリスマ店員から経営者へ

さてここで、簡単に私の自己紹介をさせてください。

私は17歳のときに、高校を中退します。学校に行くことに意味を見つけられなかった私ですが、ファッションや美容には情熱を持てることがわかり、アルバイトでお金を稼ぎ、単身で上京。当時、若者の憧れの的だったSHIBUYA109で念願のショップ店員となり、「カリスマ店員」として雑誌やテレビに何度も出演させていただきました。

その後、「自分でもビジネスがしたい」「もっと自由に自分らしく生きたい」と切望し、22歳のとき、ビューティーサロンで起業。8年間で6店舗の経営を経て、30歳のとき、あとに説明しますが、人生の転機が訪れ、すべてのサロンを手放します。

そのあとは、これまでのスキルや経験を活かし、美容家としてセミナーを行ったり、企業のアドバイザーやコンサルタントとしても活動してきました。

現在、全国および海外を飛び回りながら、年に約10回のセミナー、本やコラムの執筆、オーガニック商品を扱うオンラインショップの運営、女性のためのアカデミーを主宰しています。

女性が心身ともに健康で美しく、より豊かで幸せになり、自分らしい

生き方ができるようお手伝いをするのが私の仕事です。

これまで、**自分の「こうありたい！」「これがしたい！」という情熱に忠実に生きてきて、心から「叶えたい！」と思ったことはすべて叶えてきました。**

でも、これは私が特別だったからというわけではありません。

前述した「自分を最強のパートナー」にして、いろんな思いを自分に聞いてもらったり、意見を交わしたり、ときにぶつかり、ときに励まされ、ときにアドバイスをもらい、たくさんの経験や感情を共有してきたからです。

このままでは私の人生終わる……

まず、自分が最強のパートナーになったきっかけの出来事をお伝えしたいと思います。

10代のころに、ずっと憧れだったアパレルの仕事につき、毎日とても楽しく過ごしていましたが、20歳のとき、ギャルブームの変化とともに、自分の年齢を考えると、この先この仕事は続けられないだろう……と悟りました。

毎日パーティーのような暮らしをしていた私は、いきなりそれからの人生について真剣に考え、とてつもない不安感に襲われたのです。

というのも、前述のように私は高校を中退していて学歴もない、人に誇れるようなスキルや経験もない、おまけに付き合っていた彼ともすごく微妙な関係。これから先の人生どう生きよう？　と壁にぶち当たってしまいました。

そんなとき「運命!!」と思える人に出会ったのです。

互いに惹かれ、すぐにお付き合いすることになったのですが、なんと付き合うと決めた１週間後に、理由も告げられずフラれました……！

彼とは音信不通になり、途方に暮れて泣いて過ごす毎日。ちょうど仕事も辞めて精神的に不安定だった時期で、もうどうしていいかわからず東京の家を解約し、一時的に千葉の実家で過ごしていました。

でも、しばらくして「このままでは私の人生終わる……」「何か動き出さなくては！　変わらなくては……！」と思うようになりました。

とはいえ、いくら考えても「どうしていいかわからない」「何もしたくない」のくり返し。そんな中一つだけ「やってみようかな」という気分になれたのが、海外への一人旅でした。

きっかけは、その彼が高校卒業後の２年間、バックパッカーとして世界中を旅した話でした。

私の海外経験といえば、親友の家族旅行に一緒に連れて行ってもらったグアムと、撮影の仕事で数日訪れたハワイのみ。自分で計画して、しかも一人で行くなんて、当時の私からしたら相当なチャレンジでした。

彼に大きく惹かれた理由の一つが、年齢が一つしか変わらないのに一人で世界中を旅して、仲間を作り、それぞれの地でさまざまな仕事を見つけて働いていたこと。まるで冒険小説を読んでいるような感覚があり、彼の話に夢中でした。

彼は、とにかく毎日を100％楽しみ尽くし、やりたいことにはすぐチャレンジ。いつも明るく夢を語っていて、まわりの人に愛されていました。そんな彼の生き方にすごく憧れていたのです。

「何か変わりたい。でも、どうしていいかわからない」と思っていた私は、ふと「彼と同じ経験をすれば、彼みたいな人間になれるかもしれない！」と夢見たのでした。

旅で感じたことをすべてノートに書き出す

そして、私はロンドンで２週間一人旅をするために、貯金をはたいて、まず格安航空券を購入しました。

なぜロンドンかというと、唯一、海外に友達がいるのがそこだったから。高校時代の友人が留学していたので、「寝る場所は床でいいから、泊まらせて！」というお願いをして、なんとか宿を確保しました。

生まれて初めて一人で飛行機に乗るというところからドキドキ。なんだか自分が冒険の主人公になったような気分で、それまでのモヤモヤした気持ちは少し忘れていたように思います。

でも、一人の時間はやっぱり憂鬱（ゆううつ）。いろいろ思い出して、これからの人生に対する不安に再び襲われ、ネガティブな気持ちになります。

ただ、「この旅で日記をつけよう！」ということは決めていたので、**ネガティブな感情も含め、旅の途中で思ったこと、感じたことはすべてノートに書き出しました。**

すると、どうでしょう。ちょっとスッキリしたのです。

私は行きの飛行機から、ノートにそのときの自分の感情をたくさん綴りました。でも、とても暗い日記です……。たとえばこんな感じ。

私は彼にフラれてどうしていいかわからなくて、でも自分を変えたいから旅に出ることを決意しました。この旅で私は変われるのだろうか？　そもそもどうして私は彼にフラれたんだろう？　何がいけなかった？　でも私がきっとこんなだからだろう、なぜなら私は……

ロンドンに着いてからは、さらなる冒険が私を待っていました。

初めて訪れた遠い異国の地。初めて見る風景、聞きなれない言葉、駅や街を行き交うさまざまな国の人々。

「あぁ、この土地で私のことを知っている人はだれもいない。私一人なんだ」という感覚が、不安であると同時にドキドキ・ワクワクしました。

「私、この地で新しい私になれるかもしれない」という期待があったのだと思います。

友人の家まで行くのも、ドキドキ・ワクワク・ハラハラの連続。
空港から街に行くには、電車やバスを乗り継がないといけません。英語ができない私は、片言の英語で道行く人に声をかけるところから始まります。
当時はまだガラケーで、ネットなど到底できない時代。Google map なんてなくて、紙の地図を広げるなど、すべてアナログでした。
こういった経験も今ではすべていい思い出であり、私の自信につながっています。

暗い日記がポジティブな日記に変わる

さて、ロンドンに滞在中の２週間、友達がいるといっても、彼女は朝から夕方まで学校が忙しかったので、滞在中は、ほぼ一人。とにかく時間があり余っているのにお金をあまり持っていなかった私は、電車やバスを乗り継いで、ひたすらロンドン中のいろんな街を歩き回りました。
ロンドンは、どこに行っても公園や川があり、風景が本当に綺麗です。私は、歩き回るだけではなく、公園のベンチや川沿いに腰をおろして、例のノートにそのときどきの気持ちの変化や、思いついたことなどをメモしていきました。
すると、どうでしょう。**最初はネガティブのオンパレードだった日記が、どんどん冷静さを取り戻し、自分にアドバイスなんかしちゃってる！** たとえばこんな感じ。

私は気にしやすい性格なんだ。でもそれを変えるためにはどうしたらいい？　どうしたら彼のような人や状況に左右されない人間になれるだろう？　その答えを探しにこの地にやってきたんじゃない。今できることは……

さらには、ロンドン滞在から１週間経ったころの日記はこんな感じ。

どんな私になるのが理想？　私が考えるいい女の条件を10個あげるとしたら？　理想の私はどんな仕事をしていて、どんな家に住んでいて、どんな車に乗っている？　そのときパートナーはどんな人で、どんな関係？

すでにこのころ、今につながる「セルフコーチング術」を自然と身につけていたのです!!

なぜ自然とこうした質問に行き着いたのかというと、たぶん旅の最初に、**自分の中にあるものをすべてノートに吐き出し、それを客観的に眺めて、第三者の視点で自分を見ることができていたから**だと思います。

客観視できるようになると、いいところも悪いところも含めて自分のことがよくわかるようになります。また同時に、「なんだか自分ってかわいい、愛しい」と思えてきました。

落ち込むことがあっても、「なんだ落ち込んでるの？　イヤなことは全部私に吐き出して、出し切ったらまた笑顔になろう♪」というような会話が自分とできるようになったのです。

こうして、自分と対話するということが、私の中で自然にできるようになりました。

私の中で２人の私がバトル

そんな１週間を過ごし、少しずつ自分らしさや自信を取り戻してきた私は、「日本に帰ったら、何からやろうかな？」と日本に帰ることも、帰ってから始まる新生活にも、とてもワクワクしていました。

私をフった彼のことも、「絶対に見返してやろう!!　彼が後悔するようないい女になるぞ!!」と意気込んでいました。そこにはネガティブな感情はなく、ポジティブの塊でした。

すると……今度はそこに、また自分を試されるような出来事が起こったのです。なんと私をフったはずの彼からメールが届いたのです……！
「じつは、彼女がいたことを内緒にしていた。彼女をどうしても裏切れなくて……ごめん。でもやっぱり朋美のことが好きだから、彼女とは別れることにするので付き合おう」というような内容でした。

私はとてもうれしい反面、二つのことで戸惑いました。
一つは、「日本に帰ったら彼を見返すために自分を磨く！」と決め、彼がいない前提でいろいろ動くことをすでに計画していたから。
二つ目は、彼は今こう言ってくれているけど、いつ気持ちが変わるかわからない。あと１週間ロンドンにいる予定だったけど、早く日本に帰って彼の気持ちが変わる前に会わなくちゃ！
一瞬これまでの私が出てきて、日本に早く帰るためのフライトも調べたりしました。
ですが、ロンドンでできた新しい私が出てきて、「これで日本に戻ったら、また同じことのくり返しだよ？　私は変わる、いい女になるって決めたんじゃない？ いい女の私だったらこんな状況どうする??」って。
私の中で２人の私がバトルしていました。

結局、**私は「いい女の私」を選択することに決めました**。
飛び上がるほどうれしいメールだったけど、冷静にこう返しました。
「すごくうれしいけど、帰国までのあと１週間考えさせて。それと、あなたが話してくれた海外での経験を、今私はリアルに体験していてすごく感動してる！　素晴らしいきっかけをくれたことに感謝してる！」

私は残りの１週間、さらに冷静になって、これからの生き方・仕事・パートナーなどについて考えて、ノートに書き出しました。
現状分析をし、未来の計画を立てて、書いたものを見渡して気づいたことの書き出しなどをひたすら行いました。

ロンドンでの2週間は、たくさんの人と出会い、たくさんの地を訪れて、さまざまな感覚を身につけ、人間的にもレベルアップした期間でした。
日本に帰ってから、彼と正式に付き合うことになり、すぐに同棲生活を始め、自分磨きと事業のスタートに向けて動き出したのです。

私はこの旅をきっかけに、それから**今に至る16年間習慣になったこと**があります。それは、「**自分との対話**」。
この経験がなかったら、今の私はありえないですし、まして本を出版することも、自分と向き合う大切さやその方法を教えるアカデミーも開講していなかったと思います。
一見マイナスと捉えられる「失恋」を、チャンスに変えたというわけです。このチャンスをつかむまでの過程で、「自分と向き合うこと」をひたすら実践したこと。私はこの経験に、心から感謝しています。

まとめ

☑ **環境を変えると、マインドが変わる**

「どうしていいかわからない」と行き詰まってしまったとき、旅に出て自分を客観的に見つめ直すことで、新しい視点が得られる。環境はいつでも自分で選択できる。

☑ **今の自分ではなく、なりたい自分に選択させる**

選択や決断に困ってしまったとき、「理想の自分ならどうするか？」と考えて選択してみる。その積み重ねで未来は大きく変わる。

Contents

Step 3

#source
自分を深く見つめる 37の質問

Step 4

#life
人生を見つめる16の質問

Special

#solution
人生のあらゆる問題を 解決する30の質問

How to Use

この本の使い方

あなたがこれまで出会った多くの本と、この本が大きく違うところは、読んで終わりではないということ。ずっと持ち続けて、自分が書き出したものを何度も読み返したり、書き換えたりしてください。

本というより、**マニュアル付きの自分ノート**だと思ってください。この本の質問を、たとえ1週間や1ヶ月で終えたとしても、3ヶ月後・半年後・1年後・3年後・10年後も保存して、見返してください。

なぜなら、**自分の中の答えは変化していく**から。

また、書いたものを見返すと、「過去の自分」「未来の自分」と対話することができます。

●どうやって質問に答えるの？

さまざまな質問が登場しますが、最初はあまり深く考えずに直感で書き出してみてください。

書き出しても、答えはそのときどきで変わっていくので、変わったら書き換えれば大丈夫です。

とにかく思ったことを文字にしていく練習をしましょう。

そうすることで、自分の頭と心が整理されていきます。

正解を書こうと思ったり、悩んで考え込んだりして書かないでいると、いつまでたっても先に進めません。そのときの自分の気持ちに正直に書きましょう。

●何で書く？

できたら、書き直しがきかないボールペンよりも、シャーペンや消せるペン（フリクションなど）がおすすめです。

ちなみに私は、フリクションの0.4ミリを使っています。

ただし注意が必要なのは、フリクションは摩擦熱で消えるものなので、誤って温かいものをノートに乗せてしまうと、書いた文字がすべて消えてしまうので気をつけましょう。

●直接、本に書きたくない人は？

「直接本に書くのはどうも……」という方や、ここに書き切れない方は、別に１冊ノートを用意しましょう。

適当に用意したものよりも、手にするとテンションが上がるようなお気に入りの１冊がいいです。シンプルなノートでも、気に入ったステッカーなどを貼ってアレンジしてもいいかもしれません。

ノートのサイズは、この本と同じかA4くらいがいいと思います。

なぜかというと、リストアップやマインドマップ、写真のスクラップをするとき、少し大きいほうが使いやすいからです。

●持ち歩くほうがいい？

基本この本や用意するノートは、毎日持ち歩くものではなく、家に置いておいて毎日少しずつ振り返ってほしいと思います。

●どこでやる？

基本はどこでもいいのですが、書き出しながら読み進めていただきたいので、理想は落ち着いて作業ができる場所。

自宅でもいいし、お気に入りのカフェでも、ホテルのラウンジでも。

できるだけリラックスした状態がいいので、環境を自ら整えることも重要。本を広げる前に、ストレッチや深呼吸をしたり、自宅だったらアロマを焚いたり、お花を飾ったりしてもいいかもしれません。

また、大切なのは、**ケータイの音やバイブレーション機能を切る**こと。できたら機内モードにするか電源をオフにして、自分と向き合うことに集中できる環境を整えます。

私はだれにも邪魔されたくないとき、必ず機内モードにしています。

●いつやる？

基本的にはいつでもいいのですが、避けてほしいのは、短い隙間時間や忙しい予定の合間など。

最低でも30分は必要ですが、１時間以上がおすすめです。

書き出して調子が出てきたころに、もう閉じないといけない……となると、とてももったいないのです。

たぶん、最初のうちは、書き出せるようになるまで少し時間がかかります。少しずつ書いていると、徐々にスルスル答えが出てくるようになるので、そこから1時間くらいは書き出せる時間を作るのが理想です。

また、朝か昼か夜かというのは、集中力で言えば断然朝がおすすめ。

ですが、お休みの日の午後に、お気に入りのカフェやラウンジで……というのも素敵です。モチベーションが上がった状態で書けるのは、とてもいいことです。

夜、街や家の中が静かになったときに、じっくり考えて書きたいというなら、夜もおすすめです。

とくに過去のことを振り返るような深い質問には、夜はとても合っています。そういった質問のときは、時間を長くとってください。

ちなみに、朝はやる気をオンにできるようなパワーのある質問や、すぐに答えられるような質問が向いていて、午後はワクワクする質問やモチベーションが上がる質問に答えるのがおすすめです。

●質問との向き合い方

自分の大切な人に接するように、愛を込めて自分に質問してください。

決して尋問のように問いただすのではなく、優しく丁寧に聞いてみること。

答えるのが難しい質問は、一度飛ばして、書きたくなったときに書いてください。

また、集中力がなくなってきたときは、書くのを一時ストップしましょう。**答える・書き出すという行為が「作業」にならないように。**

気持ちを込めて自分と向き合わないと意味がありません。

#warmup

自分との会話に慣れよう

私は昭和56年（1981年）生まれなのですが、小学生から中学生のとき、「**サイン帳（プロフィール帳とも）**」というものがとても流行りました。

これは、リングファイルになっていて、中にはプロフィールシートがたくさん入っています。この紙をいろんな友人に配って、書き終わったら返してもらい、またサイン帳に保管するというものです。

紙には、名前・住所・生年月日・血液型などの基本的な情報から、好きな食べものや好きな言葉など、あらゆる趣味嗜好を書く欄があります。

友人に渡すと、たいてい相手からも渡されて、自分も書いて返す（交換する）というのがお約束。友人がどんなことを書いているのかを読むのは、とても楽しかったです。

ちなみに私は、小学生のころ、好きな男の子に渡して、戻ってきたものを読むとき、とてもドキドキ・ワクワクしていました。「好きなタイプ」の欄に自分と共通する部分が書かれていると、余計に意識してしまったり、逆に自分と真逆のことが書いてあると、一日落ち込んだりしていました。

これは、書くほうも意外と楽しいのです。

サイン帳によって微妙に質問のレパートリーが違っていたりするので、たくさんの友人と交換することで、**たくさんの質問に答えることができ、書いているうちに自分自身を把握していた**ように感じます。

このあと行う質問リストは、「セルフコーチング」とまではいきませんが、そのウォーミングアップに最適なものになっています。

その答えがあなたの絶対的な正解で、もう変えられないというわけではありません。また、だれかが見て答え合わせをする……というものでもないので、安心して気楽な気分で書いてください。

POINT

- まずは楽しくリズムよく質問に答えて、
自分自身とのキャッチボールに慣れていこう
- 答えはいくつあってもOK！
感じたことは遠慮せずに答えて
- 「状況によって答えが変わる」「答えに迷う」
などと難しく考えずに、直感で答えよう
- 「ワクワクしない」「答えがなかなか出てこない」
という質問は飛ばしてOK！
- 飛ばした質問にもう一度戻っても難しいなら、
いったん保留にして

好きな食べものは、 1位

2位

3位

嫌いな食べものは、

好きな映画は、「　」

好きな本は、『　』

好きな異性のタイプは、　な人

憧れの人は、

＊同性でも異性でもOK！

好きな言葉は、「　」

嫌いな言葉は、「　」

好きな服のテイストは、

好きな髪型は、

好きなメイクは、

な家に住みたい

お気に入りの場所（または空間）は、

行きたい国は、

Step 1

#myself

自分を知る11の質問

一番大切なことは、一番大切なことを、
一番大切にすることである。
スティーブン・R・コヴィー

11 Questions to Know Myself

価値観がわかると自分をマネジメントできる

ウォーミングアップはいかがでしたでしょうか？

ここからは、さらによく考えないと答えられないような質問で、あなたの“価値観”について知っていきます。同じように答えてみてください。

普段、何気なく過ごしていると、自分の価値観なんて、そこまで深くは考えないと思います。

しかし、過去の出来事や自分の選択を一つひとつ思い起こし、そのときの状況をリアルにイメージすると、隠された自分の価値観を知るヒントがたくさん得られます。

価値観を知ることは、人生の指針を得ることです。

価値観をもとに生きていくことができると、充実感が増すでしょう。

また、**自分の価値観がわかると、自分自身をうまくマネジメントできるようになります**。

落ち込んでいるときに気持ちを上げたり、幸せなときにより幸せを感じられるようにしたりできます。

さらに掘り下げていくと、思考や行動パターンもわかるので、次から容易に自分をマネジメントできるようになります。

POINT

- 考えるよりも、感情を味わうこと！
- 過去に関する質問は、
そのときにタイムスリップしたイメージで
- 必要なら目を閉じたり、胸に手を当ててみたり、
一人になれる静かな場所に移動してみたりする
- 「難しい……」とストレスに感じる質問は、
ひとまず飛ばして、ほかの質問が終わったら戻る
- それでも難しかったら、「書きたい！」と思うまで
書かなくて大丈夫！
- 余裕があれば、質問に答えながら
感じたことをメモする
- ここに書き切れない場合は、ノートなどを使う
- たくさん答えが出れば出るほど、
自分を知ることができるのでGOOD！

#excited

ワクワクするとき、夢中になるとき

自分がワクワクする瞬間や夢中になれることを知るのは、人生を豊かに、自分らしく生きるうえでとても大切です。

なぜなら、その延長にあなたの“価値観”があるから。

自分と向き合うことは、すべてここからスタートになります。

答えるのが難しいと感じる方は、何でもいいので、身近なことで自分は普段、何をしているときが楽しいか？　日常のどんな瞬間が好きか・心地いいか？　を探すことから始めてみましょう。

何か新しいものを知ること、だれかに喜ばれること、美しくなるために努力すること……何を思い浮かべますか？

それらをすべて書き出して、全体を眺めてみましょう。

すると、**どんな気持ちになるでしょうか？**

書いたものに共通点や違いはありますか？

こんなふうに、自分をさまざまな角度から眺めて質問していきます。

また、ワクワクしたり、夢中になったりしているとき、あっと言う間に時間が過ぎて、いくらやっても疲れなかったり、寝なくても平気だったり……なんてことが起こると思います。

これは、いわゆる「ゾーンに入っている」ときです。

人生で、この時間が長ければ長いほど、充実した人生と言えるでしょう。

そのためにも、まずは、自分がワクワクしたり、夢中になったりするものを知ることから始めます。

とくに**仕事は、人生の多くの時間を使うため、仕事がこのワクワクや夢中になれることとイコールになると、毎日がとても充実します。**

Q1 あなたがワクワクする瞬間はいつですか？ 3つ書き出してみましょう。

EX. 旅の計画をしているとき。好きな本を読んでいるとき。メイクをしているとき etc.

Q2 あなたが夢中になる瞬間はいつですか？ 3つ書き出してみましょう。

EX. 好きなことを勉強しているとき。好きなアーティストのライブに行っているとき。写真を撮っているとき etc.

#positive

ポジティブな時間を増やす

次の3つの質問は、どれも、感情がポジティブに動いた瞬間についてです。**日常でちょっと落ち込んだときや不安なとき、自分の軸がわからなくなったとき、この質問に立ち戻りましょう**。

【**Q3**】の「言われたら嬉しい言葉」を自分にかけてみます。ただ言葉をかけるのではなく、理由も考えてみましょう。

たとえば「ありがとう」なら、今あなたが自分に「ありがとう」と言えることを探します。「今日も健康でいてくれてありがとう」「私のことをいつも気にかけてくれてありがとう」など、当たり前なことでもあえて言葉にしてみます。

では、「キレイだね」なら、どうでしょう。

もし自分に自信がない、キレイと思えないなら、きちんとお化粧をして「いつもよりキレイ！　やればできる」とか、キレイと思える場所を探して「私って手がキレイね」と言葉をかけられます。

なぞなぞみたいに頭を柔軟にして、自分とコミュニケーションする手段を探してみましょう。

【**Q4** / **Q5**】で自分がどこで感動や幸せ（喜び）を感じるのかがわかると、**日常の中にそのスイッチを意識的にちりばめることができます**。感動する瞬間をたくさん持てる人は、豊かな人生を送っていると言えるでしょう。

また、より幸せを感じるには、感受性を高めるのが有効です。

日頃からさまざまな感情を味わうようにしていると、小さな感情のゆれに敏感になり、小さな幸せにも気づきやすくなります。

一度きりの人生、幸せを感じる瞬間がより多い人生のほうがいいと思いませんか？

Q3 あなたが人から言われたら嬉しい言葉は何ですか？ ３つ書き出してみましょう。

EX. 「ありがとう」「大好き」「キレイだね」「成長したね」「頑張ってるね」etc.

Q4 あなたが感動して思わず泣きそうになってしまう瞬間はいつですか？ ３つ書き出してみましょう。

EX. 友人の結婚式。犬の映画。人に感謝されたとき。海を見たとき etc.

Q5 あなたが幸せ（喜び）を感じる瞬間はいつですか？ ３つ書き出してみましょう。

EX. 自然に触れているとき。家族と過ごしているとき。好きな仕事をしているとき。人に認められたとき etc.

#negative

自分にとってネガティブなものを知る

次の3つの質問は、どれも、感情がネガティブに動いた瞬間についてです。

ネガティブだからと言って、なにも悪いわけではありません。

ネガティブな感情には一般的な定義がなく、「自分にとっていいか悪いか」「人にとっていいか悪いか」があるだけ。この基準は千差万別です。

また、自分の基準も、そのとき置かれている環境や状況、年齢とともに変わっていくものなので、ここではあくまで**「現在のあなたの価値観」で答えましょう**。

自分にとってネガティブなものを知ると、それが「こうなりたくない」という動機づけとなり、モチベーションになります。

自分の「こうしたい・こうなりたい」がよくわからない人も、「こうなりたくない・これだけはイヤだ」がわかると、価値観を探すヒントとなります（→詳しくは、P.49「ネガティブモチベーションで理想の自分になる」）。

また、**自分がネガティブになるポイントを知っておくと、事前にそれを遠ざけることもできます。**

たとえば、自分がプレッシャーに弱いことを知っていれば、プレッシャーを感じたときに、「私はプレッシャーに弱いから、あまり言わないで」と相手に伝えたり、事前にだれかに助っ人を頼んだりできると思います。

これは、ケースによってさまざまな方法があると思います。

あなたのケースなら、どう対処すればいいか、一つずつ丁寧に考えてみてください。

Q6 あなたが思わずイラッとしてしまう瞬間はいつですか？ ３つ書き出してみましょう。

EX. 列に割り込みされたとき。言い訳をされたとき。仕事で成果を出せなかったとき（自分に対して）。注文したものがなかなか出てこないとき etc.

Q7 あなたが思わず焦ったり、不安になったりする瞬間はいつですか？ ３つ書き出してみましょう。

EX. 同業の人の活躍を見たとき。大役を任されたとき。仕事の進行が予定より遅れているとき。長期休暇を取っているとき etc.

Q8 あなたが思わず悲しくなってしまう瞬間はいつですか？ ３つ書き出してみましょう。

EX. 自分の伝えたいことがうまく相手に伝わらないとき。人に陰口をされたとき。食べ過ぎた翌朝の自己嫌悪。好きな人に振り向いてもらえないとき etc.

#motivation

モチベーションのスイッチ

モチベーションのスイッチを知ると、**自分が落ち込んだときや元気が欲しいとき、自分に何をしてあげたらいいかがわかるようになります**。

これは、病気のときに病院で薬を処方してもらうのに似ています。「この症状の、このレベルにはこれ！」と自分の気持ちを上げるための処方箋です。
例で言うと「生理前で憂鬱(ゆううつ)な時期にはマッサージに行く！」や「仕事のパフォーマンスを上げたいときには○○さんに会いにいく！」など。

モチベーションが下がるスイッチはその逆で、先ほどの病気の例で言うと、「こうすると体調を崩すから気をつけてね！」というサインを知ること。
寒い日に薄着でいたら風邪をひきますし、炎天下で水分をとらないと脱水症状になりますよね。その原理原則を知るのです。
例で言うと、「時間に余裕がないとバタバタして、気持ちにも余裕がなくなるから仕事のミスが多くなるよ」や「パートナーに対して雑になると関係性が危うくなるよ」など。

ここでの書き出しは5段階となっていますが、スイッチをたくさん知っていれば知っているほど自分を扱いやすくなるので、ぜひたくさんあげてみましょう！
ちなみに**私は、自分のモチベーションのスイッチを100個くらい知っています**。
気持ちのアップダウンはあるほうだと思いますが、気持ちが落ちてもすぐに上げることができ、いつまでもずっと落ち込んでいるということがありません。

Q9 あなたのモチベーションが上がる瞬間はいつですか？

＊モチベーションがちょっと上がった状態を【LEVEL 1】、最高に上がった状態を【LEVEL 5】の5段階とします。

EX. 【LEVEL 1】スタバのテラス席でコーヒーを飲む。リビングに生花を飾る
【LEVEL 2】ルブタンのヒールを履く。マツエクとネイルをしてもらう
【LEVEL 3】読みたい本や好きな映画を見る。ホテルのラウンジでまったり
【LEVEL 4】尊敬する人に会いにいく。習いごとを始める
【LEVEL 5】海外に行く。引っ越しをする

LEVEL 1

LEVEL 2

LEVEL 3

LEVEL 4

LEVEL 5

Q10 あなたのモチベーションが下がる瞬間はいつですか？

＊モチベーションがちょっと下がった状態を【LEVEL 1】、かなり下がった状態を【LEVEL 5】の５段階とします。答えがQ6-Q8とかぶってもOK！

EX.

【LEVEL 1】髪型が決まらず適当なとき

【LEVEL 2】朝起きるのが遅くなってバタバタするとき

【LEVEL 3】予定が詰まりすぎているとき

【LEVEL 4】仕事で思うような結果を出せないとき

【LEVEL 5】人間関係のトラブル

LEVEL 1	
LEVEL 2	
LEVEL 3	
LEVEL 4	
LEVEL 5	

Q11 Q10にならないために普段からできることは何ですか？

EX.

【LEVEL 1】天候や時間の関係で、きちんとセットできないなら帽子をかぶる。お気に入りの帽子をいくつかと、おしゃれなシュシュを買っておく。

【LEVEL 2】寝る時間と夜やることは決めておく。帰宅が遅くなりそうなら、翌日の朝食の時間を短縮するために、野菜ジュースなどを買っておく。

【LEVEL 3】どのくらい予定が入ると余裕がなくなるのか知る。日々手帳を見返して予定をセーブする。一人になれる時間をあらかじめ手帳に書き込む。

【LEVEL 4】やることを細分化して少しずつ取りかかれるような仕組みを事前に作る。ときには先輩や専門家に相談したり仲間の手を借りる。

【LEVEL 5】具体的なトラブルの内容と対策を書き出す。トラブルになる気配を感じたら相手と距離をおく。迷ったら様子を見る、第三者の意見を聞く。

LEVEL 1	

LEVEL 2	

LEVEL 3	

LEVEL 4	

LEVEL 5	

Column

ワクワクの源泉とつながる

Q. あなたはお金をもらえなかったとしても、今の仕事を続けますか？

この問いに100%YESと答えられる人は、本当に好きなことを仕事にしている幸せな人だと思います。

自分の好きなこと・大切に思っていることに時間とエネルギーを多く使えたなら……人生はなんて充実するのでしょう！

仕事だけではありません。

人は普段、自分が考えていること・口にしていること・行動していることが一致すると、とてつもない充実感を味わい、自信につながります。

たとえば、大好きな仲間と大好きな仕事をしたいと思い、そのことをつねに口にしていて、実際にそれができている状態。

これは、自分が頭で描いていることを行動に移し形にしているという、自分自身の夢を叶えてあげている小さな例です。

小さな夢の実現を重ねていくことは、自分自身への信頼と自信になります。

自分への信頼を積み重ねていくと、「自分に嘘のない生き方」ができるようになります。これは、私が貫き通しているポリシーでもあります。

なぜ私が自分のことを、ここまできっぱり言い切れるかというと、先ほど答えていただいたようなたくさんの質問を、私は20歳の一人旅のときから、定期的に今まで16年間ずっとしているからです。

私は**自分の価値観や感情のスイッチをよく知っているので、状況に流されることなく、自分で自分の得たい感情を選択することができます。**

私の仕事を例に、「自分の価値観をもとに仕事をする」ということについて書き出してみます。

私が主宰するアカデミーには**“私の価値観＝ワクワクの源泉”**がつまっています。他にもワクワクする瞬間はたくさんあるのですが、「アカデミー」にしぼって掘り下げると……。

・情報や知識の提供など、人の役に立つことにワクワクする
・人に喜んでもらうことにワクワクする
・そのために、いろんなことを勉強し経験することにワクワクする
・それによって、自分自身が成長することにワクワクする
・人が変わっていく瞬間を見ることにワクワクする
・人が自信をつけて輝いていく瞬間に立ち会うことにワクワクする

こんなことをしているとき、私はワクワクの源泉とつながり、仕事に夢中になれます。これは、前述した「ゾーンに入っている状態」なので、いくらやっても疲れず、楽しくて幸せな感覚が続きます。

ここにあげたことを一つの言葉に集約するならば、人の役に立つ情報を伝えること。

これが私は好きなんだ！　それをしているとき、自分のワクワクの源泉とつながるんだ！　と改めて実感する日々です。

私にとってセミナーやアカデミーは、自分が“講師”や“先生”という立場ではないんです。私はあくまで“伝える人”“メッセンジャー”。

私が何か伝えることによって、人が輝き出す・ワクワクする・気づいてプラスに変化していく・自信をつけていく……こんな化学反応を見るのが大好きで、とても幸せを感じます。これはサロン経営時代から変わらない根底の部分です。たとえお金をもらわなくても一生し続けることと思います。

このように**自分のワクワクを掘り下げていくと、ゆるぎない価値観がわかり、それが原動力となる**のです。

Column

ストレスポイントを知る

もう一つ、私の仕事を例に書き出してみます。

人に頼まれてコラボの仕事をたくさんしていた時期、最初はよかれと思っていたことも、回数を重ねるたびに、だんだん「自分ばかり動いてる気がする……」などといくつかのネガティブな感情が生まれてきました。

しかし、「引き受けた手前、最後までやらなくては……」と思い、さらにストレスになり、しかも、それが先々までスケジュールに組み込まれていたということがありました。

この中から、私がストレスだと感じるポイントをいくつかあげてみると、このようなことがわかりました。

・心からやりたいと思わないことを仕事にするストレス
・モヤッとしたまま、それを続けるストレス
・人から過剰に期待されるストレス
・相手から依存されるのではないかと恐れるストレス
・先まで予定が決められてしまっているストレス
・なかなか相手に切り出すことのできないストレス
・相手に嫌われるのではないかと思うストレス
・時間とエネルギーを浪費しているストレス
・「なんで引き受けてしまったのか」という自己嫌悪のストレス

この出来事から私は、仕事のオファーが来たら、**「これらのストレスポイントをカバーできるか？」を事前に考えるようになりました。**

そして、その失敗を次のように活かせるようになりました。

・心からやりたいと思わないことを仕事にするストレス
→**心からやりたいと思う仕事だけを受けよう！**

・モヤッとしたまま、それを続けるストレス
→**モヤッとしたら中断する勇気を持とう！**

・人から過剰に期待されるストレス
→**人に過剰な期待を持たせる言動・行動はつつしもう！**

・相手から依存されるのではないかと恐れるストレス
→**依存されるのがイヤだという価値観を最初に伝えておこう！**

・先まで予定が決められてしまっているストレス
→**先々の予定まで埋めすぎるのをやめよう！**

・なかなか相手に切り出すことのできないストレス
→**普段から小さなことでも、思ったことを伝えるクセをつけよう！**

・相手に嫌われるのではないかと思うストレス
→**本当に必要な相手か見極めて、嫌われる勇気を持とう！**

・時間とエネルギーを浪費しているストレス
→**本当に大切なことに時間とエネルギーを使おう！**

・「なんで引き受けてしまったのか」という自己嫌悪のストレス
→**少しでも納得いかないことにYESと言うのをやめてNOと言おう！**

今は、ここに誓ったことがほぼ実現できるようになりました。

それは、自分の考えていること・口にしていること・行動していることを一致させてきたから。今は昔と比べて充実感も、自分の生き方に対する自信（自己信頼感）も増しています。

Step 1 を終えて

さて、ここまでだいぶたくさんの質問に答えてきましたね！

もうだいぶ質問に答えることが慣れてきたのではないでしょうか？

最初は「難しい」「わからない」と思うものも、順を追って少しずつくり返し答えていくことによって、必ず答えられるようになってきます。

ただし、焦らないこと。

焦って出す答えは表面的な答えなので、時間をかけてもいいので少しずつ、ゆっくり優しく自分に問いかけてコミュニケーションしてみましょう。

自分と仲良くなるステップは、人と仲良くなるステップと同じです。

最初は、相手の興味があることや好きなことをリサーチし、それを話題にしてみたり、相手がされたら嬉しいと思うことをしてみたり、毎日笑顔で声をかけることによって少しずつ心を開いて仲良くなったりしますよね。

自分と仲良くなることは、自分の持っているものを最大限引き出し、活かすことにつながります。

また、自分の価値観を大切にすると、まわりの環境や状況、出来事によって感情が流されるということがなくなります。その価値観が自分の軸になると、たとえ迷ったりブレたりすることがあっても、落ち着いて自分と対話すれば、またもとの軸に戻れるようになります。

まとめ

- ☑ **ワクワクや夢中になれることを知るのは、自分の価値観を知るスタート**
- ☑ **自分の感情のスイッチを知ると、自分自身をマネジメントできる**

Step 2

#ideal

なりたい自分になる36の質問

実際にどう生きたかということは
大した問題ではないのです。
大切なのは、どんな人生を
夢見たかということだけ。
なぜって、夢はその人が死んだ後も
生き続けるのですから。

ココ・シャネル

36 Questions to Be Who I Want to Be

理想は鮮明にイメージすると実現する

理想のライフスタイルや人生を思い描いたことはありますか？
あなたのなりたい自分は、どんな自分ですか？
この章では、まだボヤッとしているかもしれないあなたの「理想」を具体的に掘り下げていきたいと思います。

掘り下げていくことによって、なんとなく思っていたことがより鮮明なイメージに変わり、実現しやすくなります。
「思考は現実化する」という言葉を聞いたことがあると思いますが、その過程には、**思考をより細分化して、感覚を味わうかのように鮮明にイメージできる状態を作ることが大切**です。
たとえば、お料理をするとき、料理が完成した写真を１枚見せられるよりも、材料や料理の工程、使う道具の写真もあると、どうやってそれを作ったらいいのか、よりイメージができますよね？
これと同じことで、理想を構成する小さな要素を知ると、「これをしたら、その次はこれ……」というステップまでも描くことができます。
鮮明にイメージできるものは、「叶ったらいいな」「ラッキー」という“夢”ではなくて、必要なステップを踏めば必ず叶えられる“未来計画”になります。

POINT

- ☑ 妄想レベルでイメージを膨らませる。
いったん現状を忘れ、先入観をなくしたゼロベースで
- ☑ ゲームをする感覚でワクワクしながら書く
- ☑ なかなかイメージが膨らまない場合は、
大好きな映画や雑誌・インスタグラマーなどを見る
- ☑ 感じたことは抑えずに書く
- ☑ 例はほんの一部なので、
思いつく限り細かいことまですべて書く
- ☑ アクションプラン（行動計画）は、
できるだけ細かく書く
- ☑ アクションプランは、「必ずやる」と決意して書く

#wanttobe

理想の自分

「理想の自分」を表すキーワードを書き出すには、「理想の自分」をお題にして連想ゲームをするような感覚でやると簡単です。

昔、あるクイズ番組の中で人気だった「マジカルバナナ」というゲームをご存じですか？「“バナナ”といったら“黄色”」と言うと、隣の人が「“黄色”といったら“信号”」などとリズムに乗ってテンポよく続けていく遊びです。ポイントは、リズムよく、短い言葉で答えること。

あなたも、このゲームの参加者になったつもりで、**「“理想の私”といったら“○○”」とリズムに乗って心の中で唱えてみましょう。**できれば声に出して手も叩いて。

簡単に私の例をご紹介します。
「“理想の私”といったら“エレガント”」「“エレガント”といったら“上品”」「“上品”といったら“知性”」など。

これを出なくなるまで続けたら、また「“理想の私”といったら“○○”」と始めます。理想のキーワードがたくさん出てくると、自分の中にある理想の自分がよくわかると思います。

また、ワードを書き出したあとに、**理由も考えることによって、そのワードに隠された自分の価値観を見つけることができます。**

同じワードでもその奥には、人それぞれの価値観があるはずです。

たとえば、同じ「自由」というキーワードでも、理由が「好きな時間に起きて、好きな場所で仕事をしたいから」という人と、「一つのことにとらわれず、さまざまなことにチャレンジがしたいから」という人とでは、描くイメージが異なります。前者はフリーランスになることかもしれませんし、後者は会社員を続けながらトライアスロンに挑戦することかもしれません。

友達と発表し合うと、より自分ならではの価値観がわかって面白いですよ！

Q12 あなたの理想の自分を表すキーワードは何ですか？ 10個書き出してみましょう。

EX. 上品。エレガント。ポジティブ。女神。淡いピンク。ヨーロッパ。知的。グローバル。薔薇の花。ラグジュアリー。ビジネス etc.

Q13 Q12から上位3つを選び、その理由を書いてみましょう。

EX. ・ポジティブ
→つねに前向きで、人に対しても自分に対しても笑顔を忘れないでいたいから。
・ヨーロッパ
→品とプライドを兼ね備えた、男に媚びない美しさを持ちたいから。

理想の自分

理由

理想の自分

理由

理想の自分

理由

#looks

理想の外見

あなたがなりたいと思う理想の外見をイメージしてみましょう。

なるべく鮮明に言葉にしてみてください。

文字に起こすことで、頭の中のイメージが外に出ます。すると、自分の思考を客観的に眺めることができ、頭の中でイメージするだけよりも、「あ、そっか、私これが好きなんだ！」とわかります。

ちなみに私は、「だれの〇〇みたいに……」などと日々具体的に書き出すことにしています。

自分以外のだれかになりたいという意味ではなく、**「〇〇さんのこの要素を取り入れたい！」と思って書き出す**のです。

たとえば、私はキャメロン・ディアスの笑顔が大好きです。

でも、顔の造形をあんなふうにすることは整形しても不可能でしょうし、別にそれを望んでいません。

とはいえ、表情の作り方や笑い方をお手本にすることはできます。自分の顔の造形でキャメロンの笑い方をしたら、自分のベースにキャメロンのエッセンスが加わり、これはオリジナルになります。

このように、自分をベースに、憧れる人や好みのエッセンスをいろんな角度からプラスしていけば、より魅力的な自分になるでしょう。

さらに、**言葉で表したものを視覚化すると最強です！**

視覚化とは、言葉に合った写真の切り抜きをスクラップしたり、理想のイメージの画像のスクリーンショットをケータイにストックしたりすること。

言葉だけよりも目からのイメージがあると、理想のイメージをより鮮明に描くことができますよ。

Q14 あなたがなりたいと思う理想の外見は何ですか？

＊イメージしながら書き出してみましょう。
＊すでに体現している人（ロールモデル）がいたら名前も書いてください。

EX.【髪型＆メイク】オードリー・ヘップバーンのようなドール風ヘアとメイク。アイラインとまつ毛はしっかりしているけど、ベースは薄めで素肌っぽい感じ。外国人のようなアッシュヘアでロングのゆる巻き etc.

【体　形】ミランダ・カーのようなグラマラスなメリハリボディで、少し日焼けしていて締まった感じ。お腹に腹筋の縦ライン必須。ピンヒールが似合う、まっすぐで適度に筋肉のある細い足 etc.

【ファッション】「SEX and the CITY」のキャリーのように、いろんなテイストの服をTPOに合わせて変化させたい。体のラインがキレイに出るけどエレガントに見える服。雑誌でいうと「××」のようなテイスト etc.

髪型＆メイク	

体型	

ファッション	

スクラップBOOKを作ろう

理想についてたくさん書き出していただきましたが、文字で書くだけよりも、写真などを使って視覚的にもアプローチできると、よりそのイメージを潜在意識に落とすことができます。

雑誌の切り抜きをおしゃれにコラージュして、トイレの壁やリビングの写真立てに入れたり、手帳に貼ったり、お気に入りの画像をパソコンやスマホのデスクトップにしたりなど。

昔は、雑誌の切り抜きをコラージュしてビジョンボードを作ったりしていましたが、今はネットサーフィンなどして、お気に入りの画像やセルフイメージが上がるような画像を保存したり、スクリーンショットしたものを、お気に入りアルバムに入れて、たまに眺めたりしています。

お気に入りの写真を集めていくと、その中から自分の好みのテイストがわかるようになってきます。

すると、「なりたい自分」のイメージが固まってきて、行動に移しやすくなります。

私の場合は、家やインテリア、行ってみたい場所などをコレクションすることが多いのですが、都会もリゾートもどちらも好きなのだとわかってから、オンとオフの切り替えを大切にするようになり、青山（都会）と葉山（海辺）どちらにも拠点を置くことになりました。

それぞれの場にふさわしい自分をイメージして、服を選んだり、過ごし方を変えたりしています。

メイクやファッションが好きな人は、そういった写真の切り抜きや画像を集めるといいと思います。

Step2
#ideal
note

PARKER
KIM
CATTRALL
NIXON
DAVIS
WWW.SATC2.JP

#lifestyle

理想のライフスタイル

ここからは、あなたの「理想」→「イヤなこと」→「現実」→「理想と現実のギャップの要因」→「アクションプラン」を順に聞いていきます。

自分一人で考えると、どうしても理想だけとか、アクションプランだけ……など単独で考えがちです。

でも、理想だけではなく、自分にとって「これだけは絶対にイヤ」というものも知り、そのうえで、現実と理想にあるギャップの要因、アクションプランも考えて書き出すことによって、理想にぐっと近づけるようにしていきます。

こうして**頭の中にあるものを順に書き出していくと、問題が整理されます**。すると、何が必要で、何が不必要なのかが見えて、意識が変わり、行動が促されます。

私たちが行動できないときの原因は、「わかっているのにできない」というときと、「そもそも問題に気づいていなくてやらない」というときです。

ここでのワークは、「問題に気づいていないからやらない」方への大きなアプローチとなるでしょう。

アクションプランは、細かければ細かいほど、目の前のやることが見えて行動に移しやすくなるので、できる限り細かく書きましょう。私は質問一つにつき、ノート片面１ページくらい書き出します。

このサイクルは、どんな問いに対しても使える手法なので、ぜひ覚えておいてください。**何かモヤモヤすることや迷っていることがあったら、一度この質問に答えて、すべて書き出してみます。**

すると、頭の中が整理され、対処すべき問題が見えてきますよ。

Q15 理想 あなたの理想のライフスタイルは何ですか？ ３つ書き出してみましょう。

EX. 朝型。毎日ヨガやランニングをする。犬がいる。海外っぽいおしゃれなインテリアに囲まれている。ヘルシーな食事。つねに何か勉強をしている etc.

Q16 イヤなこと あなたが「これだけは絶対にイヤ」と思うライフスタイルは何ですか？　３つ書き出してみましょう。

EX. 夜更かし。無意味なネットサーフィン。予定を詰めすぎること。週に半分以上の飲酒。寝る前のストレッチを怠ること etc.

Q17 現実 現実のあなたのライフスタイルはどんなものですか？　３つ書き出してみましょう。

EX. 朝早く起きる日は週に半分くらいで、実際は０時過ぎに寝ることが多い。朝はギリギリに目覚めてバタバタしてしまう etc.

Q18 ギャップ 理想と現実にあるギャップの要因は何ですか？ 3つ書き出してみましょう。

EX. （夜寝るのが遅いのは）ついベッドの中で人のSNSなどを見てしまうからだ。いつも1時間くらい残業しているから、そこを見直す必要があるのかも etc.

Q19 アクションプラン 理想に近づくために今すぐできる小さな行動は何ですか？ 3つ書き出してみましょう。

EX. （早寝早起きするために）睡眠の質を上げる。寝る前の1時間はスマホを見ない。SNSを見るのは移動の電車の中のみにする。23時までに寝るために21時には帰宅する。夕食は19時だったのを18時半にしてお酒も1杯までにする。代わりにハーブティーのお気に入りレパートリーを増やす etc.

ネガティブモチベーションで
理想の自分になる

自分の中のNGを知ることは、ネガティブモチベーションになります。
ネガティブモチベーションとは、「○○になりたい」という願望とは反対の「○○だけにはなりたくない！」というもの。
「そうならないためにどうしたらいいか？」と考え、行動を促すもののことです。
「○○になりたい」という願望がよくわからない方でも、**「○○だけにはなりたくない」というものがわかれば、消去法で行動を選択していくうちに、やりたいことが明確になってきたりもします。**

ネガティブモチベーションは、ときとしてポジティブモチベーションを上回るパワーになります。
なぜなら、「○○になりたい」は環境や状況で変わりやすいのですが、「絶対に○○になりたくない！」と思う気持ちは、変わりにくく、とても明確だからです。

たとえば私の場合、起業する前にアパレル業界で働いていたころ、仕事自体はとても楽しかったのですが、毎朝の通勤で乗る満員電車がイヤで仕方ありませんでした。
このことから、「電車に乗らなくてもいい生活を絶対にしよう！」と心に誓って、起業してから2年目に念願だったマイカーを持ちました。それからの移動は車かタクシーにして、さらにその2年後には、経営するサロンから徒歩圏に引っ越しました。
これは、ネガティブモチベーションが、大きなパワーとなった一例です。あなたも、自分が「これは絶対にイヤ」と思うことを知って、理想の未来に近づいてみてください。

#time

理想の時間の使い方

「命」とは、時間の寄せ集めです。

その命のもとの時間を、あなたは何に使いたいでしょうか？

自分自身を、そして自分の人生を劇的に変えたい場合、まずあなたが変えるべきことは「時間の使い方」です。

あなたはどんな自分になりたいのか？

すでになりたい自分になっている人は、どんなことに時間を使っているのかイメージしてみましょう。

もしくは、身近に理想の人がいたら、どんなことに時間を使っているのか聞いてみましょう。

時間の使い方を変えると、普段フォーカスする部分や、意識がどんどん変わってきて、行動にも変化が表れます。

たとえば、朝に仕事をするのか、夜に仕事をするのかといったことや、仕事の後に飲みに行くのか、仕事のあとにジムに行くのか……など。

理想を知ることは大事なのですが、同じくらい**今あなたがどんなことに時間を使っているのか具体的に知ることも大事**です。

そこから見えてくる課題や、取るべき行動について自分とブレストミーティングをしてみましょう。

【**Q25**】の「手放すこと」「習慣にすること」は、自分への誓いなので書いたものは必ずすぐに実行すること。

【**Q26**】の「理想の一日のスケジュール」は、理想のイメージを具体的にするために、写真をスクラップするのもいいでしょう。

Q20 理想 あなたが本当は時間やエネルギーをかけたいことは何ですか？　３つ書き出してみましょう。

EX. 好きなことを勉強する。世界を旅する。大好きな仕事でとことん挑戦する。料理。セルフメンテナンス。家族と時間を過ごす etc.

Q21 イヤなこと あなたが本当はイヤなのに時間やエネルギーをかけていることは何ですか？　３つ書き出してみましょう。

EX. 単純作業的な仕事や雑務。無意味な人付き合い。だらだらとテレビを見たりネットサーフィン。人に頼まれて断れない仕事。人からの相談 etc.

Q22 現実 現実であなたが多くの時間やエネルギーをかけていることは何ですか？　３つ書き出してみましょう。

EX. 仕事。人付き合い。トレーニング。SNS。メール etc.

Q23 ギャップ 理想と現実にあるギャップの要因は何ですか？ 3つ書き出してみましょう。

EX. NOと言えない自分。時間に区切りをつけずに仕事をしていること。「〜すべき」「〜ねばならない」が多い。自分自身に言い訳をしている etc.

Q24 アクションプラン 理想に近づくために今すぐできる小さな行動は何ですか？　3つ書き出してみましょう。

EX. 自分の軸となる価値観について改めて考えてみる時間を作る。タイムマネジメントに関する本を読む。理想の時間の使い方をしている人をリストアップし、本人のブログやSNSを見て研究してみる etc.

Q25 理想に近づくために、あなたがこれから「手放すこと」「習慣にすること」は何ですか？ それぞれ5つ書き出してみましょう。

EX. 【手放すこと】軸がない自分。NOと言えない自分。テレビやネットを情報をとる以外にだらだらと見ること。納得できない仕事 etc.

【習慣にすること】自分と向き合う時間を週に2回・計1時間はとること。人に自分の意見を伝えたり宣言すること。毎日寝る前のストレッチ（リラックスする時間を持つ）etc.

手放すこと

習慣にすること

Q26 あなたの理想の一日のスケジュールは？

＊できるだけ細かく書き出してみましょう。

EX. 【ONの日バージョン】

7:00	起床→掃除・家事・エクササイズ
8:00	ブログ・メール・その他PC業務 （合間にスムージーなど軽めの朝食）
9:00	↓
10:00	身支度→犬の散歩
11:00	打ち合わせ・企画書作り・勉強など
12:00	↓
13:00	ランチミーティング
14:00	↓
15:00	打ち合わせ・企画書作り・勉強など
16:00	↓
17:00	スーパー買い出し・犬の散歩
18:00	夕食支度・家事
19:00	家族or人を招いて夕食
20:00	↓
21:00	片付け・家事
22:00	入浴
23:00	ヨガなどセルフメンテナンス・読書など
24:00	就寝

EX. 【OFFの日バージョン】

7:00	
8:00	起床→掃除
9:00	朝ごはん支度→朝ごはん
10:00	身支度
11:00	トレーニング・ヨガ
12:00	↓
13:00	犬を連れて車で出かけて そのままランチ・買い物・カフェなど
14:00	↓
15:00	↓
16:00	↓
17:00	マッサージやネイルサロンなど セルフメンテナンス
18:00	↓
19:00	友人宅かレストランでディナー
20:00	↓
21:00	↓
22:00	帰宅→入浴
23:00	ゆったりと過ごす
24:00	就寝

ONの日バージョン
7:00
8:00
9:00
10:00
11:00
12:00
13:00
14:00
15:00
16:00
17:00
18:00
19:00
20:00
21:00
22:00
23:00
24:00

OFFの日バージョン
7:00
8:00
9:00
10:00
11:00
12:00
13:00
14:00
15:00
16:00
17:00
18:00
19:00
20:00
21:00
22:00
23:00
24:00

バーチカルタイプ手帳で
人生のタイムマネジメント

近年、手帳ブームで「手帳を使って自分や習慣を変えよう！」と思っている方が多いと思うのですが、私のおすすめは断然、時間軸が縦になっていて、時間の使い方が一目瞭然となるバーチカルタイプです！

私は、もう7年以上このタイプのものを使っていて、2年前からは自分が使いたい手帳を自らプロデュースし、「ビューティーライフダイアリー」という手帳を販売して好評をいただいております。

バーチカルタイプを使うようになってから、時間の使い方がとても上手になったと感じています。

たとえば、私の手帳は朝6時から夜中0時までが1時間刻みになっていて見開きで1週間分なのですが、1週間分きちんと予定を書き込んでいくと、**自分が何にどのくらい時間を使っているか、そしてその頻度や傾向が手に取るようにわかります**。

こう言うと、「私はどうせ会社と家の往復でそんなに書き込む予定もないし……」と思う方もいるかもしれませんが、その場合はただ「仕事」と書くのではなく、「ここからここまでが企画書作成で、ここからが会議、そしてここが営業のリスト作りで……」など細かく分けて書くことによって、仕事の中身とその時間の使い方まで一目瞭然となります。

プライベートの用事でも、週に何時間飲みに使っているのか、週に何時間体を動かしているのか、週に何時間だらだらと過ごしているのか、など**現状を細かく把握し、今取り組むべき課題や変えるべき習慣に気づくことができます**。

「時間管理のマトリクス」という表は有名ですが、第２領域の“緊急ではないけれど人生においてとても重要なこと”に、どのくらい自分の時間を使えているかで人生の充実度は変わってきます。

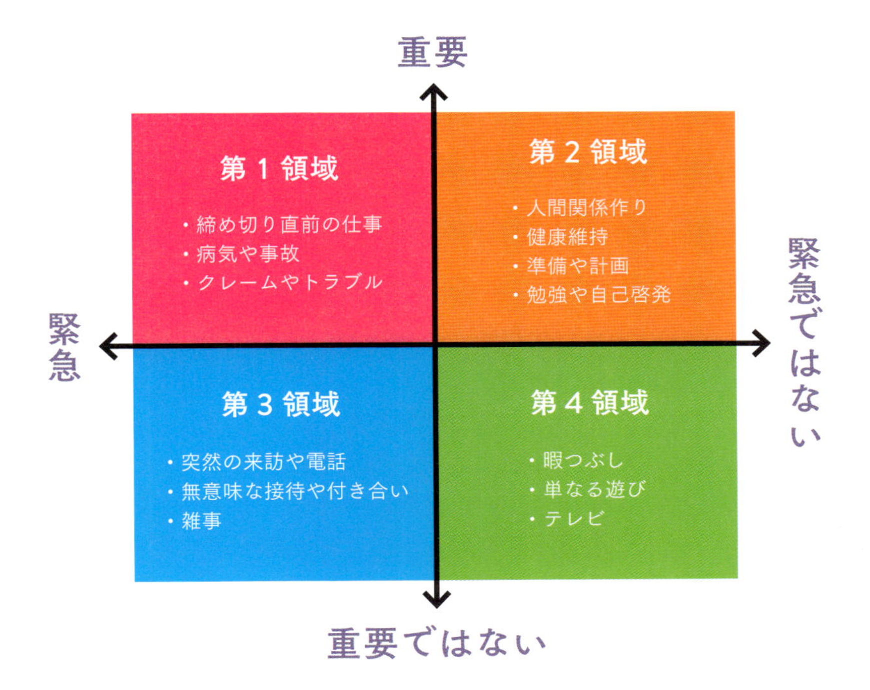

たとえば、バーチカルタイプの手帳からある１週間を振り返り、４色のマーカーを用意して、自分の時間の使い方はそれぞれどの領域のものなのかを色分けしていくとわかりやすいです。

重要ではないけれど緊急なことに時間を取られている方がとても多いと思うのですが（以前、私もそうでした）、まずはその傾向に気づくことが、自分や習慣を変える一歩につながるでしょう。

#work

理想の働き方

働くことは、人生の中で多くの時間とエネルギーを費やします。
だからこそ、自分が納得できる時間とエネルギーの費やし方をしたいものですよね。
あなたにとって「理想の働き方」は何ですか？
その理由も考えて書き出すことによって、理想を夢で終わらせずに、行動へ移すモチベーションにつなげていけます。
どの質問もそうですが、ただ答えるだけでなく、**「なぜそうなの？」「それをすると自分はどうなるの？」などとルーツや未来をイメージすると、それが動機となり、目の前の行動が促されます。**

理想の働き方を実現するまで、毎日（できれば一日に何度も）自分が書き出した理想やその理由を眺めてください。
書いた言葉は、働き方を選択していく指針となります。
たとえば、私は以前「PC１台あれば、いつでもどこでも仕事ができる状態にする」「自分自身が商品となり、自分の価値を高めて、収入を上げていく」などと書いていました。
これを何度も見返し、潜在意識に落とすことをくり返し行動した結果、今まさにこれを実現しています。

内容によっては、もしかしたら今の働き方を180度変えることになるかもしれませんし、転職したり、独立する可能性だってあるでしょう。
でも、一度自分の気持ちにしっかりと気づいたら、理想を実現するために後戻りせず、勇気を持って前に進んでいきましょう！
妥協した生き方を続けていると、本来の自分のよさや才能をつぶしかねません。「妥協のない働き方なんて無理」と思っている人は実際にそうなり、「妥協のない働き方をするんだ」と決めた人にはその現実がやってきます。

Q27 理想 あなたの理想の働き方は何ですか？ 理由もつけて3つ書き出してみましょう。

EX. ・時間の拘束が少ない
→自分で自由に働く時間を決めたい。仕事以外にも勉強や新たな人間関係の構築、セルフメンテナンスなど、好きに時間を使いたい。

・尊敬できる人たちとのチームプレイ
→つねにワクワクして仕事をしたい。仕事の内容も大事だけど、だれとするかも重要。プロ意識を持つ尊敬できる人たちと高め合える仕事がしたい。

・自分の好きなことを仕事にする
→つねにワクワクして一日を過ごしたい。好きなことを仕事にしたらつねにモチベーションが高い状態でいることができ、情熱的に生きられるから。

理想の働き方

理由

理想の働き方

理由

理想の働き方

理由

Q28 イヤなこと あなたが「これだけは絶対にイヤ」と思う働き方は何ですか？ 3つ書き出してみましょう。

EX. 残業が多い。退屈でモチベーションが湧かない。上司が尊敬できない etc.

Q29 現実 現実のあなたの働き方はどんなものですか？ 3つ書き出してみましょう。

EX. 週2日は残業で終電帰りになるため翌朝眠い。職場で自分の意見がなかなか通らない。営業という仕事は好きだけど最近モチベーションが低いと感じている etc.

Q30 ギャップ 理想と現実にあるギャップの要因は何ですか？ 3つ書き出してみましょう。

EX. 自分の仕事の効率が悪い。睡眠の質が悪い。考えがまとまりきってないのかも。プレゼン能力が低い。ワクワクすることを見つけられていない etc.

Q31 アクションプラン 理想に近づくために今すぐできる小さな行動は何ですか？ 3つ書き出してみましょう。

EX. ・（残業をしないために）仕事のクオリティを上げる。残業は一切しないと決める。集中力を上げるために瞑想を始める。昼ご飯はお弁当にして時短 etc.
・（モチベーションを上げるために）尊敬する〇〇さんと食事のアポイントをとる。ワクワクすることをリストアップする etc.

アクションプランを使って
セルフコーチング

「理想の働き方」に関する質問にすべて答えてみて、何か気づきはありましたか？　これは、絶対にやらないといけないわけではありませんが、もしあなたが、「自分で自分をしっかりマネジメントできるようになりたい！」「今度こそは本気で自分を変えたい！」などと思うなら、やることをおすすめします。

最後の【Q31】アクションプランは、ただ書いて終わりにせず、途中経過も追っていきましょう。しっかり追うために、ここで**1週間の行動を記録**していきます！

①ノート、もしくは1枚の紙を用意しましょう。
【Q31】で書いた3つのアクションプランを改めて書き出します。

②その下に、**行動できたかどうかを○×で毎日7日間つけます。**
○ならどんな行動をしたか書き、×ならできなかった理由や他の戦略を書きます。これを一日の終わりに5分でもいいので行います。面倒でも必ず5分振り返るクセをつけてください。
※もし途中で達成されても、きちんと7日目まで達成できるか自分自身を見届けます。

③終わったら7日間を振り返り、一番最初に書いた理想に立ち戻ります。
行動してみて、どんな気づきや変化があったか感じてみましょう。

面倒なようですが、最初はとことんこれをくり返すことによって、無意識的に自分をコーチングする習慣が身につき、自分自身をマネジメントできるようになります。

#house

理想の住まい

ライフスタイルには、習慣にしていること・時間の使い方・働き方などがよくあげられますが、もう一つ大事なことは“住まい”です。

住まいが自分に与える影響はとても大きいです。

ちょっと想像してみてください。毎日散らかっている部屋で過ごすのと、ホテルのような空間で過ごすのとでは、自分の意識や行動も変わってくると思いませんか？

また、毎日暗くて騒音のある中で過ごすのと、太陽をたくさん浴び新鮮な空気や自然の中で過ごすのと……いかがでしょうか？

このように物理的環境は、精神に大きく影響します。

住まいを自分が好きな心地いい空間に変えていくと、モチベーションが上がったり、リラックスできたり、ワクワクしたりするようになります。

仕事と同じく、家で過ごす時間は（寝る時間も含めて）とても長いので、自分が長く過ごす場所は、自分がとびきり喜ぶものにしてあげましょう。

元気がないとき、モチベーションが湧かないとき、疲れているときなど、**帰ってくる家が自分にとって心地いい空間だと、家はあなたにとってパワースポットになります。**

自分が納得する心地いい住まいは、家に帰るとケータイを充電するように自分自身が充電され、翌日を元気でやる気に満ちた状態で過ごすことができます。

ちなみに私は、“住まい”に一番お金をかけています。

なぜ、ここまで住まいにこだわるのかというと、これまで、住まいを変えるたびにセルフイメージが上がり、それに見合う自分に変身してきたから。少し背伸びした住まいを選ぶと、自然に収入もアップしてきました。

Q32 理想 あなたの理想の住まいに欠かせない モノやコトは何ですか？ 3つ書き出してみましょう。

EX. 開放感がある（高い天井、日当たりのいい大きな窓など）。植物がつねに家の中にある（観葉植物を置く、花を飾るなど）。整理整頓 etc.

Q33 イヤなこと あなたが「これだけは絶対にイヤ」と思う住まいはどんなものですか？ 3つ書き出してみましょう。

EX. 机の上にモノが散らかっている。着ない服でクローゼットがパンパン。どこに何があるのかわからない収納。枯れた植物がそのまま etc.

Q34 現実 現実のあなたの住まいはどんなものですか？ 3つ書き出してみましょう。

EX. 窓の前にモノがあって視界を遮っている。観葉植物が枯れかけている。昨日着た服が椅子に置きっぱなし etc.

Q35 ギャップ 理想と現実にあるギャップの要因は何ですか？ 3つ書き出してみましょう。

EX. 帰宅時間が23時くらいになることが多くて夜は疲れて何もできない。なのに朝は遅く起きるので朝も何もできない。週末も出かけてしまって何もできないので、結局家がずっと片付かないでいる etc.

Q36 アクションプラン 理想に近づくために今すぐできる小さな行動は何ですか？　3つ書き出してみましょう。

EX. 平日夜の予定は週3日までと決めてそれ以外の日はまっすぐ帰宅し家時間を増やす。土日のどちらか半日で家の片付けをする。いらないものをピックアップしてメルカリに出す etc.

住まいの状態は、自分の状態とリンクする

あなたの頭の中が散らかっているとき、自然と部屋も散らかっているはず。逆に、部屋が綺麗なときは、思考もクリアで、気持ちに余裕があるはずです。

これを利用して、住まいは自分がなりたい状態に近いものにしていきましょう。すると、自然と自分自身も変化していきます。

私はよく部屋のインテリアや内装を替えて、かなり派手に模様替えをしてきました。**そのときどきの自分が仕事で取り入れたい要素を、部屋のテーマにしています**。

ヘルシーなライフスタイルを伝える仕事をしているときは、部屋にも自然に近いものを取り入れます。太陽の光・グリーン・お花・ウッド調の家具・フルーツをおしゃれに並べる器など。

セルフブランディングや自己実現の本を多く書いていたときは、大好きなモナコをイメージしたインテリアやサウンドにしていました。

仕事ができるセレブな女性を目指しているときは、黒などのホテルライクでラグジュアリーなモダン家具を置いたり、ライティングで雰囲気を出したりしていました。

このように自分で自分の空間をプロデュースすると、セルフイメージやマインドがガラッと変わります。ときに性格だって変わっていきます。

どんな住まいかは、人の好みやそのときのテーマによって変わりますが、唯一全員に共通して言えるのは、つねに整理整頓しておくこと。

整理整頓された清潔な空間には、いいエネルギーが生まれます。これは風水的にも、運気を上げる一番の方法です。

#relationship

理想の人間関係

自分に影響を与えるものとして大きな割合を占めるのが「人間関係」です。普段どんな人と多くの時間を過ごすかで、あなたの思考・意識・セルフイメージが変わります。

ちょっと想像してみてください。いつも人の噂話や愚痴(ぐち)、言い訳ばかり言い合う人の中にいるのか、互いに褒め合ったり、アイデアを出し合ったり、つねに応援してくれる人の中にいるのか。

前者の中にいたら性格が悪くなりそうだと思いませんか？

逆に、後者の中にいたらつねにポジティブでワクワク過ごせそうな気がしませんか？

人間関係について、自分がどんな価値観を持っているのかがわかったら、それを軸に自分の人間関係を見つめ直すことができます。改めて自分の人間関係を見たとき、自分に必要な関係と不必要な関係が見えてくるのです。

「人間関係の断捨離®」という言葉はあまり好きではありませんが、**「切る」のではなく「そっと遠ざける」だけでいい**のです。無理して断ち切ろうとしないでください。

今必要じゃないと思った相手だって、つねに変化をしていくので、いずれお互いの変化のタイミングで、必要なときに必要な関係はまたやってきます。

縁やチャンスはつねに巡っているものなので、現在の人間関係にあまり執着しないことが大切です。

また、**環境は自分の意思で選択し、変えていくことができる**ということも忘れないでくださいね。「どうせ〜」「だって〜」「〜だから」と言い訳してあきらめている人があまりにも多いと思うのです。

勇気を持って今の環境を変えてみること。すると、びっくりするくらい自分自身が変化し、成長することを後から感じるでしょう。

Q37 理想 あなたの理想の人間関係はどんなものですか？ 3つ書き出してみましょう。

EX. 励まし合える。褒め合える。成長し合える。尊敬し合える。否定しない。気を使いすぎず自分のままでいられる etc.

Q38 イヤなこと あなたが「これだけは絶対にイヤ」と思う人間関係はどんなものですか？ 3つ書き出してみましょう。

EX. 悪口や陰口を言い合う。すぐに否定する。言い訳の言い合い。自分らしくいられない。決めつけられる etc.

Q39 現実 現実のあなたの人間関係はどんなものですか？ 3つ書き出してみましょう。

EX. プライベートでは成長し合える仲間と過ごすことが多いが、職場では足を引っ張り合う関係が多い。自分は言わないが相手の愚痴を聞く機会が多い。相手に対して先入観を持ってしまうことがある etc.

Q40 ギャップ 理想と現実にあるギャップの要因は何ですか？ 3つ書き出してみましょう。

EX. 納得のいく仕事（職場）を選べていない。つい相手を優先させてしまい合わせてしまうクセがある。潜在的な苦手意識がある etc.

Q41 アクションプラン 理想に近づくために今すぐできる小さな行動は何ですか？　3つ書き出してみましょう。

EX. 転職をする必要がありそうなので、新しい職のリサーチをする。自分を大切にするためにセルフコーチングのノートをつけてみる。先入観を持ったらすぐに気づいて手放す練習をする etc.

この人は自分にとって必要か、必要でないか？

人を見る目を養うことは、生きていくうえでも、仕事をするうえでも、とても大切なスキルです。では、どうすれば人を見極めることができるのでしょうか？

これには、さまざまな方法があり、人それぞれピンとくるものも違うと思いますが、私が大切にしていることは「自分自身の感覚」です。

言ってみれば「直感」のようなもの。これは、オーラを読むなどのスピリチュアルな意味ではなく、体で感じる「快・不快」などです。

頭で考えるよりも、その人といて体感としてしっくりくるかどうかということ。

また、**人を判断するうえでの決め手は、「表情」**です。

とくに目を見れば、その人に嘘偽りがないかわかります。

また、笑顔でも、その人の内面をはかることができます。

なかには、人見知りでなかなか相手と目を合わせられない、笑顔になれないという人もいると思います。しかし、そこではなく、ふとした相手の目線や、どんなことで笑顔を見せるのかを観察してみてください。

いくら話が完璧でも、それが本心ではない場合、見る人が見れば一発で見抜きます。

自分が人を見るときも、見られるときも、これを意識してみましょう。

少しでも相手に違和感があるなら、いくら条件や言っていることがよくてもNOとします。

その違和感を見て見ぬ振りをすると、あとから、とんでもないことになりかねませんので注意してください。

#partner #family #friend

理想のパートナー・家族・友人との関係

理想の人間関係から、今度はさらにカテゴリを細分化して掘り下げてみましょう。

理想のパートナー（恋人・夫婦）や家族、友人との関係で、「こんなふうになりたい！」というイメージを具体的に描けるほど、そこに近づくのが速まります。

よくある話ですが、まだ出会っていない理想のパートナーについてこと細かく紙に書き出して、すでにその人がパートナーになっている状況をイメージします。すると、自分の言動が相手にふさわしいものへと変わり、理想を引き寄せやすくなるのです。

たとえば、いつもよりメイクやファッションをキレイにするようになったり、女性らしい振る舞いになったり、思いやりを持てるようになったり……。

また、逆にこんなことはありませんか？

家族など身近な人間関係ほど、「今さら変わらないだろう」とあきらめてしまいがちですが、**あなたの先入観が今の現実を作り出している**こともあります。

よくも悪くも、思考はすべて現実になるのです。

ここではとにかく、そんな先入観をとって、「まったくのゼロからどんな関係を構築していきたいか？」という理想を書き出してみてください。

過去の経験から今のあなたはできているかもしれませんが、**未来のあなたを作るのは、“過去”ではなく、“今”のあなた**です。

だったら、制限なく理想を描き、理想につながる“今”の行動を選択していきましょう。

Q42 理想 あなたの理想のパートナーとの関係はどんなものですか？ 理由もつけて3つ書き出してみましょう。

EX. ・思いやり
→つねに相手を敬い、相手の立場に立ってものごとを考え、相手が喜ぶことをし合えると、一緒にいることが心地よく、長くいい関係でいられると思う。
・つねにフレッシュな気持ちで
→マンネリ化しないようお互いに努力し合わないと、関係がおかしくなったり退屈になるから。
・価値観の違いや自由を認め合う
→縛り合う関係はお互いのチャンスを奪うと思うので。価値観は違っていてもいいので認め合うことが大切。

理想のパートナーとの関係
理由

理想のパートナーとの関係
理由

理想のパートナーとの関係
理由

Q43 イヤなこと あなたが「これだけは絶対にイヤ」と思うパートナーとの関係はどんなものですか？ 3つ書き出してみましょう。

EX. 浮気。嘘をつく。自分らしくいられない。尊敬や思いやりを忘れる。束縛 etc.

Q44 現実 現実のあなたのパートナーとの関係はどんなものですか？　3つ書き出してみましょう。

＊今パートナーがいない方は、「恋愛における今のあなた」を書き出してみましょう。

EX. たまに思いやりを忘れてないがしろにしてしまう。月に1度くらいケンカしてしまう。彼が私にやきもちを焼いている。少しマンネリ化している etc.

Q45 ギャップ 理想と現実にあるギャップの要因は何ですか？ 3つ書き出してみましょう。

EX. 当初に比べ彼に魅力を感じなくなっている。仕事が楽しくて優先順位が変わってきている。彼の以前のひと言が引っかかっている etc.

Q46 アクションプラン 理想に近づくために今すぐできる小さな行動は何ですか？　3つ書き出してみましょう。

EX. 週末に彼との時間を作り、お互いの近況や価値観について深く話し合ってみる。マンネリを解消するために海外旅行を計画する。相手のことを褒めてみる etc.

Q47 理想 あなたの理想のパートナー（夫婦）像・家族（親子）像・友人（仲間）像は何ですか？ ロールモデルとその理由を書き出してみましょう。

EX.【理想のパートナー（夫婦）像】
デヴィッド・ベッカム＆ヴィクトリア・ベッカム
→ともにやりたいことをしながらも家族の時間を大切にしていて、二人ともおしゃれで年を重ねてもラブラブなのが素敵だから。

【理想の家族（親子）像】
ジェシカ・アルバ ファミリー
→夫婦とも経済的に自立し、社会貢献事業などで多忙ながらも家族の時間を大切にしている。奥さんによる家族の健康を気遣ったヘルシーな生活と、子供の自由意思を尊重する子育て。夫婦で尊敬し合っているところも素敵だから。

【理想の友人（仲間）像】
映画「ワイルド・スピード」の仲間
→普段は離れた地でそれぞれの生活があるが、何かあればすぐに集結し、それぞれが役割分担をして一つのミッションを遂行する。互いがリスペクトし合って助け合う、最高のフレンドシップに憧れるから

理想のパートナー（夫婦）像	ロールモデル
	理由

理想の家族（親子）像	ロールモデル
	理由

理想の友人（仲間）像	ロールモデル
	理由

ポジティブな
セルフイメージを持つ方法

セルフイメージとは、自分が自分のことをどう思っているか？　言ってみれば、自分自身が思い描いている自分のイメージのことですが、これは現状どうこうにかかわらず、あくまでイメージです。

たとえば、今、会社勤めで安い給料しかもらっていないとしても、セルフイメージが「自分は絶対に大物になる！　事業で成功する！」とつねにイメージしていると、その通りの自分の言動となり、イメージした結果を引き寄せやすくなります。

反対に、すごく綺麗な人でもセルフイメージが低く、「私はブス」と思い込んでいたら、性格までどんどんブスになっていきます。

セルフイメージが未来を変えていくといっても過言ではないのです。

あなたが自分にどんなイメージを持っているのか、振り返ってみましょう。一般的に、自分に自信がない人はセルフイメージが低く、自信がある人はセルフイメージが高いといえます。

では、どうしたらセルフイメージを高く持ち、理想の自分に近づいていけるのでしょうか？

それは、「思い込むこと」に尽きるのですが、これがなかなかできずに、どうしても「私なんて～」「どうせ～」「でも～」「～だから」と言い訳してしまうのですよね。

では、もっと簡単なことで何ができるかというと、

- 理想の自分にふさわしい振る舞いをする
- 理想の自分にふさわしいものを身にまとう
- 理想の自分にふさわしい家に住む（または部屋にする）
- 理想の自分にふさわしい言葉を使う
- 理想の自分にふさわしいコミュニケーションをとる
- 理想の自分にふさわしい場所に出向く
- 理想の自分にふさわしい友達やパートナーを作る

ほかにもたくさんありますが、こんなことを一つずつしていくと、あなたのセルフイメージは格段に上がります。

これらは、自分を大切に思っているからこそできます。自分のことを大切にしている人は、セルフイメージがどんどん上がっていくのです。

自分や自分を取り巻く環境を、丁寧に整えていきましょう。

あなたを作る要素は、物質的には食べ物や空気、水などですが、あなたの精神的な部分を作る要素は「環境」です。

ここでいう「環境」とは、あなたが普段どんな場所に身を置くか、どんなものを身にまとうか、ということ。

そして、大切な要素として、前述した「人間関係」があります。

普段、どんな人たちに囲まれるか、どんな言葉をよく耳にするか、どんな人のどんな様子をよく目にするかなどは、あなたが過ごす環境の一部です。これらによっても、セルフイメージは決まっていきます。

Column

連想ゲームは企画作りにも役立つ

私はこれまで、商品やイベントの企画、ブランディング、人のプロデュースなどをいくつも経験してきました。

このときも、イメージするキーワードをたくさんあげていくことから始めます。

たとえば、付箋（ふせん）に１枚ずつアイデアを書き出して、カテゴリ分けして並べていきます。いらないものが出てきたら横に外して、最終的にその中で大切ないくつかのワードに絞っていきます。

ノートに書き出してもいいのですが、付箋にすると１回ずつ消す手間がなく、移動もしやすいので簡単です。

頭を柔軟にして、連想ゲームをするように、ブレスト形式で自分といろんなアイデアを出す練習をしてみましょう。

仕事や人生でピンチのときでも視点をたくさん持つことができ、いつでも選択肢が広がって、とても役に立ちます。

視点がたくさんあるということは、客観的にものごとを考えられているということ。より冷静な判断ができるようになります。

すると、自分で自分を励ましたりして、感情をマネジメントできるようになるので、必要以上に落ち込むこともなくなります。

自分の中には、アイデアマンがたくさん眠っています。

そのアイデアマンを呼び起こせるのは、あなた自身です！

私の例 自分の仕事・やりたいことを整理するとき

①付箋１枚ずつにアイデアややりたいことを書き出します（青色の付箋）。
②それらをカテゴライズしていきます（ピンク色の付箋）。
③気づいたことは、どんどんメモします（黄色の付箋）。

インプットしたことが
アウトプットにつながる。
アウトプットするための
インプット！

スキルUP・インプット系	発信・アウトプット系	企画・アイデア系
読書	ブログやSNSで情報発信	商品の企画・販売
好きなことの勉強をとことんしたい	オンラインサロン構築	イベント企画
英語	コラム執筆	空間プロデュース
情報リサーチ	本を書く（出版）	

大学での講演

アカデミー
（自分と向き合う学校）

仕事のパフォーマンスを上げる・自分を満たす系	趣味・エンターテイメント・パフォーマンスUP系
ワークアウト	DJ
犬たちとのナチュラルライフ	ピアノ

クリスタルボウル

ヨガ・瞑想

料理

お片づけ（つねに）

自分のためでもあり、
仕事のためにもなる！

Step 2 を終えて

この章では、理想について、さまざまな角度から掘り下げていきましたね。

夢を叶え、なりたい自分になるには、理想のイメージを描くことから始まります。ただ「よくなりたい」「今のままではイヤだ」では何も始まりません。まずは「スクラップBOOKを作ろう（P.46）」を参考に、理想や夢を書き出して、よく見る場所に置いておきましょう。

次に、**書いて見るだけでなく、口に出すことも大切**です。自分で自分を奮い立たせる、おまじないのような役割もあり、公言することで「言ったからにはやらないと！」という気持ちが駆り立てられます。

メリットはもう一つあって、あなたのしたいことや求めているものがだれかの耳に入り、思わぬところから人を紹介してもらったり、チャンスにつながる情報を教えてもらったりするかもしれません。

ただし、公言するからには、必ず有言実行しなくてはなりません。結果はどうあれ、言ったことを行動にしていないと、ただ言うだけの口だけ人間に思われてしまうので気をつけましょう。

まとめ

理想をつねに思い描くと、
現実になるスピードは速い

イメージを細分化して、書き出し、何度も見たり、人に話したりする。

現状にもしっかり目を向けて、
やるべきことを明確にする

理想だけでなく、理想と現状のギャップを冷静に分析し、そこから導き出されたアクションプランをとにかく実行するのみ。

Step 3

#source

自分を深く見つめる37の質問

もっとも楽しくて、難しくて、
大事な関係。
それは自分自身と築く関係

ドラマ「SEX and the CITY」
Season 6 Episode 20

37 Questions to Know My Source

過去を掘り下げて
選択のパターンを知る

この章では、さらに深いところ、あなたのソース（source／源・価値観などを意味する）が何かを探っていきます。
今のあなたは「過去のあなた」の積み重ねでできています。
過去に聞いた言葉、過去に人からされたこと、過去に体験したさまざまなことなどです。

あなたが普段、何気なく選んでいる言葉、思考、人などには、きっとあなたの隠れた価値観や手放せないでいる固定観念、トラウマのようなものがあるはずです。
質問を答えていくことによって、今まで気づいていなかった、自分の選択のパターンに気づくかもしれません。

自分の中にある考えや価値観などをすべて紙の上に書き出すことは、自分の過去を整理する行為です。これを一つずつ丁寧に行っていくと、自分の棚卸になり、意外とすっきりするでしょう。

これから先の**未来を変えたければ、“今”の選択を“過去”の自分から選択するのではなく、“未来”の自分に設定して、「そんな自分だったら、今をどう選択するか？」と考えてみましょう。**

POINT

- ゆっくりと焦らず、
時間がかかってもいいので丁寧に答えて
- 過去の出来事を振り返るときは、
そのときの自分になったつもりで
- たとえネガティブな感情が出てきても、
恐れず向き合う勇気を持って
- 難しいとストレスに感じる質問は、ひとまず飛ばす
- イマジネーションが大切、
イメージしなら書き出してみて
- 自分に「なぜ？」と理由を聞くときは、
問いただすのではなく、子供が興味を持って
ワクワクしながら親に聞く感覚で質問しましょう

#personality

性格

自分を第三者の目線で見たとき、あなたは自分のことをどう捉えますか？　また、もし他人に自分のことを紹介するとき、自分をどんな人だと紹介するでしょうか？

ここに、あなたのパーソナリティや個性が表れます。

自分の個性を活かせるようになると、必要以上に人に気を遣ったり、頑張りすぎたりせず、ストレスフリーに人とコミュニケーションできるようになります。

リラックスした自分らしい状態でいられると、よいオーラが出るので、人によい印象を与えます。

その雰囲気が心地いいと感じる人は、あなたのもとに寄ってきて声をかけるでしょう。

それが広がっていくと、自然と自分に似た人が集まってきて、心地よい人間関係ができるのです。

逆に、つねに気を遣って頑張りすぎていると、ピリピリしたオーラを発してしまうので、あなたのまわりに人は近寄りがたいでしょう。

【Q48】で自分の性格をひと言で表すのは、より自分を理解するためです。

さまざまな感情や感覚、ものごと、状態を伝えるとき、たくさんの言葉を並べて、回りくどく説明すると、相手にはなかなか伝わりません。

反対に、端的な言葉は、人の印象に残りやすく、自分でもスッと腹に落ちる感覚があるので人に伝えやすいと思います。

それと同じで、自分をなるべく簡潔な言葉で表すことは大事です。

これは、人の心に響くキャッチコピーを作るスキルとしても使えます。

脳のトレーニングにもなり、知りたいことがよりわかるようになり、伝えたいことがより伝えられるようになります。

Q48 あなたの性格をひと言で表すなら何ですか？ 10個書き出してみましょう。

EX. 楽観的。行動力がある。おおらか。せっかち。自分の世界を持っている etc.

あなたの性格は、普段の思考や環境をもとに成り立っています。そして、その性格はやがて、あなたの人生を形作っていくのです。

マザー・テレサの言葉にも、こんなものがあります。

思考に気をつけなさい、それはいつか言葉になるから。
言葉に気をつけなさい、それはいつか行動になるから。
行動に気をつけなさい、それはいつか習慣になるから。
習慣に気をつけなさい、それはいつか性格になるから。
性格に気をつけなさい、それはいつか運命になるから。

マザー・テレサ

ここであげたあなたの性格で、好きな部分はこれから大いに表現し、逆に改めたい部分は、それを作り出している“思考”や“環境”とまず向き合っていきましょう。

Q49 Q48から上位３つを選び、なぜそう思うのか、理由やエピソードをつけて書き出してみましょう。

EX.

・楽観的
→考えてもキリがないことは、考えるだけエネルギーの無駄！　と思っているから。これまでいろんな人に「楽観的でうらやましい」と言われてきた。

・行動力がある
→思いついたら、なんでもすぐにやらないと気がすまない。モチベーションが一番高いときにしたい！　先日も、夜遅くに思い立って企画書を作り、翌朝上司に持っていった。そうしたら、そのプランが採用されて、まさに今それをしている！

・自分の世界を持っている
→人と同じことをしたくない。個性を大切にしたいと思っているし、その個性を使って仕事をしたいと思っているので、ブログでそういった発信をしている。

性格

理由やエピソード

性格

理由やエピソード

性格

理由やエピソード

Q50 Q49を見て、気づいたことや活かし方を書き出してみましょう。

EX.

- 根底には、つねにハッピーで笑っていたい、人間関係を平穏に保ちたいという価値観があることに気づいた。楽観的であるためにも、つねに笑顔を心がけようと思った。
- 思いついたらすぐにやるほうだけど、時間が経ってしまうとモチベーションが落ちて動くのが面倒になる。飽きっぽいのかもしれない。気持ちが新鮮なうちに、なんでもすぐに取りかかるのが自分の場合ベスト。
- 意外と一人の時間が好きなのかも。一人で過ごすクリエイティブな時間を大切にして、もっと発信力をつけ、世の中に対する自分の価値を高めよう。

気づいたことや活かし方

気づいたことや活かし方

気づいたことや活かし方

#strength #weakness

得意とすること、苦手とすること

得意なことと苦手なことを知ることは、自分を活かして生きるのにとても役立ちます。
なぜなら、得意な部分をプッシュして、苦手な部分をカバーすることができるから。

あなたが、ある商品を世の中に広めたいと思ったとき、その商品の特性を知らなければ、何を押していいのか、何をカバーすればいいのかわからず、結局その商品のよさを世の中に伝えられなくなってしまいます。
商品の長所を熟知していれば、それは自然と言葉になり、まわりに伝えることができます。
また、短所を知っておくと、起こりえるであろうトラブルを未然に防ぐことができ、かつ相手に期待を持たせすぎることもないので、気持ちのうえでも楽です。

ここでいう**「商品」とは、「あなた自身」のこと**。
そういうと、「自分は別に、世の中に対して何か発信したり、有名になったりしたいわけじゃない」と思うかもしれません。しかし、私たちは生きている以上、何かしら世の中に対して影響を与えているのです。
たとえば、あなたが発する言葉・態度・表情は、今日会う人に対するプレゼンテーションです。
自分ではそんなつもりはないかもしれませんが、通りすがりの人だったとしても、すれ違ったときに何かしら感じています。
自分にプラスになる・自分を活かせるプレゼンテーションがつねにできていたら、出会いやチャンスは圧倒的に広がります。

Q51 あなたが得意とすることは何ですか？ なぜそう思うのか、理由やエピソードもつけて 3つ書き出してみましょう。

EX.

・人と仲良くなること
→人に接することや人の話を聞くのが好き。人の人生に興味があり、質問することが楽しい。はじめて会った人でもすぐに仲良くなる。人から相談されることも多い。

・一つのことに集中すること
→何かにハマると、一日中それをしていても飽きない。自分のやりたい仕事がきたときは、楽しくて夢中になり、それが終わるまで他のことを一切できなかった。結果、他のだれよりも早く仕事を仕上げることができ、次のやりたい仕事も舞い込んできた。

得意とすること

理由やエピソード

得意とすること

理由やエピソード

得意とすること

理由やエピソード

Q52 あなたが苦手とすることは何ですか？ なぜそう思うのか、理由やエピソードもつけて 3つ書き出してみましょう。

EX.

・人前で話すこと
→目の前に5人以上いると緊張してしまい、自分が何を話しているかわからなくなってしまう。取引先にプレゼンをする前日、緊張しすぎて眠れず、終わったあとも胃が痛くなってしまった。

・一つのことをやり続けること
→好奇心が旺盛で、やりたいことが次々思いついてしまい、一つのことが長く続かない。昨年、始めた習い事は何も続いていない。

苦手とすること

理由やエピソード

苦手とすること

理由やエピソード

苦手とすること

理由やエピソード

Q53 Q51とQ52を見て、何か共通点や気づいたこと・感じたことはありますか？3つずつ書いてみましょう。

EX. 【Q51を見て気づいたこと・感じたこと】
好奇心に基づいているということ。結局、自分は新しいことや知らないことに興味があるよう。そして、なんでもすぐにやってみたいと思う行動力もあるようだ。

【Q52を見て気づいたこと・感じたこと】
プレッシャーに弱いらしい。緊張すると本来の自分ではなくなることと、ネガティブに考えやすくなる傾向があるようだ。

Q51を見て気づいたこと・感じたこと

Q52を見て気づいたこと・感じたこと

#habit

ログセ、思考のクセ

“You are what you think and eat.”
（あなたは、あなたの思考と食べたものでできている）
という英語のことわざがありますが、肉体的な部分を作るのは食べ物の影響が大きく、精神的な部分を作るのはあなたの思考です。

では、思考はどうやって作られるのでしょうか？
それは、あなたが普段、だれと会い、どこに行き、何をよく目や耳にするのか、というあなた自身の体験や経験によって作られます。
あなたがよく考えていることやログセを知ることは、今のあなたの状態を知ることです。
無意識に何気なく使っている言葉や考えていることを、改めて文字に起こしてみると、「あ、私は普段こんな感じなんだ！」と客観的に自分を見られるようになります。

また、そうすることによって自分自身に対する意識が、無意識状態から、意識状態に変わります。
一度このワークをすると、何気なく使っていた言葉を発したとき、「あ、また言ってる！」と自分の言葉に意識が向きます。
こうやって**自分の言葉や思考に気づくことが大切**です。

ポジティブなことかネガティブなことかは関係なく、最初はただ、今の自分の状態を知るだけでいいのです。
知ったうえで、「じゃあ、本当はどうしたいの？　どうなりたいの？」と自分自身に問いかけて、その答えを行動に移していきましょう。
すべての行動は、普段の意識によって作られています。
意識は普段の思考から作られています。
そして、その思考を表すものが、あなたのログセなのです。

Q54 あなたがよく使っている言葉や口グセは何ですか？思いつくだけ書き出してみましょう。

＊ポジティブなものか、ネガティブなものかは問いません。とにかくよく口にしている言葉を書きましょう。わからなければ、まわりの人に聞いてみましょう。

EX. 「なるほど！」「大丈夫」「やってみる」「できるよ」「〜べき」「〜ねばならない」「無理」「忙しい」「疲れた」etc.

Q55 Q54の中から一番よく使っている言葉を選んで、理由やエピソードを思いつくだけ書き出してみましょう。

EX.
・「なるほど！」
→素直に人の意見を受け入れる傾向がある。相手に興味を持って話を聞けているのだと思う。先日、友人に悩みを相談されたときも、まず友人の状況や思いのヒアリングを重視していた。

・「忙しい」
→仕事や家庭などやるべきことに追われて本当にやりたいことが全然できていない。ただ、書いてみてわかったのは、「忙しい」をできない・やらない理由にして、やっていない自分がいる。まず、忙しいというのをやめてみようと思う。

一番よく使っている言葉

理由やエピソード

Q56 あなたが普段よく考えていることは何ですか？自分の頭の中を振り返って、理由やエピソードもつけて３つ書き出してみましょう。

EX.

・「未来にこうなったらいいな」と思うことを考えて妄想ばかりしている
→楽しくてワクワクすること、計画を立てたり、考えたりすることが大好きだから。ただし、もしかしたら今に集中できていなかったり、今に満足していなかったりするのかも？　今日も仕事中、来年の旅計画について考えていたら、仕事がまったく手につかなかった。また逆に旅行をしたらしたで、仕事の新企画を考えたり書き出したりして、旅に集中していない。

・相手にこれを言ったら、どう思われるか
→相手の反応を気にしてしまう自分がいる。相手の反応を気にして思うことが半分も言えない。先日も上司に次の休みの希望を伝えたかったが、同僚に先に言われてしまい、あれから１週間も経っているのに、まだ言えていない。

普段よく考えていること

理由やエピソード

普段よく考えていること

理由やエピソード

普段よく考えていること

理由やエピソード

Q57 あなたが「普段からたくさん考えたい」と思うことは何ですか？ 理由もつけて3つ書き出してみましょう。

＊もし、それを普段からたくさん考えられたら、どんな気持ちになって、どんな自分になるか、想像しながら書き出してみましょう。

EX.

・だれかへの感謝について考えたい
→そうなったら、よりたくさんのことに感謝するようになって、愛に溢れた自分になれそう。また、人に対して思いやりを持って、優しくなれそう。

・先回りの思考
→「これをするとどうなるか？」ということを、つねに先回りして、起こりうる未来を予想した作戦と対策を練っておきたい。そうすることによって、仕事がスムーズに無駄なく進むと思うから。結果も出したいし、まわりからも一目置かれたい。

普段からたくさん考えたいこと

理由

普段からたくさん考えたいこと

理由

普段からたくさん考えたいこと

理由

現状を嘆く前に
普段の思考を振り返る

頭の中で考えていることによって、普段の行動は変わります。
「因果応報」という言葉がありますが、なにごとも原因があって結果があります。

ここでいう原因とは「思考」のことで、結果とは「行動」です。

私は、自分の行動や、行動からの結果を変えたいと思ったときに、**【Q56】**と**【Q57】**をやっています。

たとえば、何かものごとがうまくいかないとき、結果にフォーカスして嘆くのではなく、そこに至るまでの自分の思考を振り返ります。

仕事が思うように進まないとき

「最近、時間に余裕がなくてビジョンを描くことを怠っていたな」「仕事をサポートしてくれている人たちへの思いやりを忘れていたな」など。

人と意見の食い違いでぎくしゃくしたとき

「自分がどうしたいかばかり考えていたな、もし相手がどうしたいかを考えていたら、どうなっていただろう？」など。

最近太ったなと感じたとき

「行きたいレストランや食べたいものをよく考えて、トレーニングや美しいボディになることについて、あまり考えていなかったな」など。

このように思考にフォーカスしていくと、うまくいかないことも解決策が見えてきて、そこから次回に活かすことができます。すると、チャンスの幅も広がっていきます。

#excuses #obsession

言い訳、執着

言い訳や執着、嫉妬や不安などのネガティブなものは、自分の中にあるなんて認めたくないので、ついなかったことにしたり、湧いてきても見て見ぬ振りをしてしまいがち。

そうやってなかったことにした言い訳や執着は、自分の知らない間にどんどん蓄積されていき、知らぬ間に卑屈な自分を作っていきます。

ネガティブな感情は、あるとき爆発します。

爆発するとどうなるかというと、自分自身を見失って不安にかられたり、やる気が起きなかったり、もっというと、鬱(うつ)になったり、病気になったりします。

「私は普段、言い訳や執着なんてしない！」と最初は思っても（＝顕在意識)、潜在意識ではだれにでもあるものなのです。

自分の感情とうまく付き合うには、まず、**自分にどんな言い訳や執着があるのか知る**こと。

次に、その**言い訳や執着を客観的に、冷静に捉えてみましょう**。

そうすることで、たとえば「言い訳が邪魔して視野を狭めているな」「こんな言い訳ばかりしている人が友達だったらイヤだな」など、何か気づいたり感じたりすることがあるでしょう。

自分の中にある言い訳や執着に改めて気づき、それがどこから来ているのかを考えると、どう対処すればいいかが徐々に自然とわかるようになります。

対処法がわかったら、あなたの中の問題（言い訳や執着）はすでに問題ではなく、プラスに導くための材料へと変化しています。これが、言い訳や執着を手放すということで、ピンチがチャンスに変わる原理です。

Q58 普段、あなたが言い訳していることは何ですか？ 原因もつけて3つ書き出してみましょう。

EX.

・仕事が忙しいから英語の勉強ができない
→自分の仕事の効率が悪いからなのに、それと向き合わずに環境のせいにしている。

・お金や時間が十分にないから海外に行けない
→納得のいく仕事ができていない、仕事ができない自分に対する言い訳もしている。

・痩せたいけど会食が入る
→会食は断ることもできるのについ「まあいいか」と妥協する自分がいる。会食のせいにして痩せられない自分を肯定している。

言い訳していること

原因

言い訳していること

原因

言い訳していること

原因

Q59 この言い訳を大切な友達がしていたら、あなたはどんなアドバイスをしますか？　それぞれ書き出してみましょう。

EX.

・必要に迫られていないから優先順位が低いのでは？　今一度、本当に英語を習得したいか考えて、習得するとどうなるか、しないとどうなるか書き出してみたらいいと思う。そのうえで本当にそれが必要なら何がなんでも時間を作ればいい！

・行けないことを嘆くより、行くためにどうしたらいいかを考えよう！　小さくてもいいからまずは目標を決めて、先に予約をしてしまえばいい。

・本当に痩せたいと思ってるの？　痩せたいなら会食は断るか、週に1回までにするとか決めたらいい。または、行ってもお酒は飲まないとか、あまり食べなければいい。

アドバイス

アドバイス

アドバイス

Q60 あなたが執着していることや手放せないでいることは何ですか？　理由もつけて3つ書き出してみましょう。

EX.

・過去の恋愛
→もうそれ以上に好きになれる人はいないのではないかという思い込みと、新しい恋愛にチャレンジすることへの恐れや面倒くささもあるのかも。

・人に嫌われたくないという気持ち
→子供のころ、いじめにあった経験がトラウマになっている。つい人の顔色をうかがって相手に合わせてしまい我慢しがち。

・お金がなくなったらどうしようという不安
→自分の好きなことができなくなるのではないかという不安が大きい。自由に生きていくことを優先したいから。

執着していること・手放せないこと

理由

執着していること・手放せないこと

理由

執着していること・手放せないこと

理由

Q61 アクションプラン 執着を手放すために、今すぐできる行動は何ですか？　それぞれ書き出してみましょう。

EX.

・思い切って相手に連絡してみる、カウンセリングやヒーリングを受けてみる、過去の自分の気持ちをノートにすべて書き出して、今の自分から一つずつアドバイスをする。

・自己肯定力を高めるために自分のいいところを１日一つ書き出す、絶対的に味方になってくれる親友やパートナーを見つける、アドラー心理学の本『嫌われる勇気』を読んでみる。

・お金をかけなくても豊かになれることを見つける、収入を上げるためにスキルを身につける、高め合えるパートナーを見つける。

今できる行動

今できる行動

今できる行動

手放すStep

本当に欲しいものを手に入れるには、まずは自分にスペースを作りましょう。そのためには手放すことが大事と、いろんな自己啓発本に書いてありますよね。

でも、その「手放すこと」が難しいから、つまずいてしまうのですよね。

では、どうやったら手放すことができるのでしょうか？

Step 1　手放すべきものが何なのかを知る

何を残して何を手放すのか？　という基準を作ります。

その基準とは、自分の価値観。価値観を知るのが難しい場合、頭ではなく心で感じて「ワクワクするかどうか」を基準にしましょう。

Step 2　手放すものについて深く感じる

この工程を省くと、一度手放しても、またついつい自分のもとに置いてしまうことがあります。

たとえば、手放したいものが「人と自分を比べて落ち込む」だったとしたら、考えないようにしようと思っても、また考えてしまうでしょう。

そんなときは、一度立ち止まって、一人になってじっくり感じる時間を作りましょう。

人と自分を比べてしまうとき、どんな感覚になるのか・その感覚はいつからあって・どんなときに感じるのかなど。

根本的な部分を一度知ると、本当の意味でそれを手放すきっかけとなります。

Step３　手放すと決めたら行動し、振り返らない

Step２まで進んだら、自然と手離れしていくと思うのですが（手放すというのは自主的な行為ですが、この場合、勝手に離れていくイメージなので手離れ）、手放すことを決めて行動しても、最初のうちはまたそれが再びやってくるかもしれません。そのたびに、もうそれを自分のもとに置かないと誓い、それを実践しましょう。

何度かこれをくり返していくうちに、もうそのものがやってくることはなくなるでしょう（ただしStep２が不完全だとやってくるので、その場合は、またStep２に取り組みましょう）。

Step4　手放すことを習慣にする

最初に決めた一つのことが手放せたら、今度は他の手放すものへと移行します。同じ工程をくり返し、２つめ・３つめ……と何度かくり返していくうちに、手放すことが習慣になっていきます。

つねに「今手放すべきものはないかな？」と自分に質問してください。忙しかったり気持ちに余裕がないと、手放すべきものに気づかないこともあります。ですので、定期的に確認していくことが大事です。

私は、“手放すものリスト”を手帳に１ページ設けて、思いついたことがあれば、つねに書き込むということを習慣にしています。

また、週に１回、月に１回などリストを振り返る日を作り、手放すものを、いつどんなふうに手放すか、という作戦を立てて実行しています。

すると、自分自身が驚くくらいシンプルになって、より大切なものを大切にできたり、欲しいチャンスや出会いを引き寄せやすくなりますよ。

#praise
#warning

褒めたいこと、戒めたいこと

自分が自分のコーチになったつもりで、褒めてあげたいところや戒めたいところ（ダメ出し）をそれぞれ書き出してみましょう。

つい頑張りすぎたり、厳しくしすぎたりする傾向がある方は、ぜひ日頃から自分を褒める習慣を身につけましょう！

褒めるとは、認めたり、きちんと評価したりするということです。

褒められると、人はより頑張れたり、頑張ることが楽しくなったり、モチベーションが上がったりします。

反対に、褒められないと人はなかなか頑張れません。たとえ頑張れる方でも、モチベーションは次第に下がっていくでしょう。

また、つい自分に甘くなったり、ダラける傾向がある方は、たまに自分を戒めましょう。戒めるとは、叱ったり反省させたりするということではなく、注意を促して意識的にさせることです。

あなたがあなたのコーチなら、どんな言葉をかけるでしょうか？ 厳しく聞こえる言葉も、「よくなってほしい」という愛情からです。ときに自分に厳しく、習慣を改め続けるのは、自分を律し、マネジメントするということです。

「アメとムチが大切」とよく言いますが、自分自身にもアメとムチを与えましょう！ **自分に対するアメに当たるもの・ムチに当たるものを書き出して、比較してみてください**。

セルフマネジメントとは、まさにこのバランスなのです。

セルフマネジメントが上手にできるようになると、欲しい結果が手に入りやすくなります。また、より客観的に自分を見られるようになるので、人とのコミュニケーションも上手になりますよ。

Q62 自分で自分を褒めてあげたいところはどこですか？ 3つ書き出してみましょう。

EX. 素直。嘘をつかない。仕事の期限を必ず守る。毎日ストレッチをしている。いつも子供たちを思っている。英語が得意 etc.

Q63 自分で自分を戒めたいところはどこですか？ 3つ書き出してみましょう。

EX. 寝坊することがよくある。ついつい飲みすぎてしまう。ウエストが太い。すぐに人と自分を比べて落ち込む。ブログがなかなか続かない etc.

Q64 Q62とQ63から一つずつ選んで、あなたがコーチなら、どんなアドバイスをしますか？

EX.【Q62から一つ】

・素直

→素直であれば、たとえ今は経験やスキルがなくても、さまざまなものを吸収できる。素直であれば、人からこの人には教えたいと思ってもらえる。

・仕事の期限を必ず守る

→仕事でも何でも期限を守れるということは、自分を律することができるということだ。また期限を守ることをくり返していくと、人からの信頼を得られる。これを他のことにもぜひ活かそう！

【Q63から一つ】

・寝坊することがよくある

→一日のタイムスケジュールを改めて見直してみよう。ルーティーンの中で無駄にエネルギーを使っていることを一つ見つけてそれをやめよう！　そして、その分毎日1時間でも早く寝て早く起きよう。

・すぐに人と自分を比べて落ち込む

→もっと自分のいいところに目を向けよう！　比べるなら、"過去の自分"や"未来の自分"とを比べよう。ただ、比べて落ち込むというのは"もっと自分をよく変えたい"と思うからこそなので、その向上心はバネにしよう。

Q62から一つ

アドバイス

Q63から一つ

アドバイス

あなたがあなたの
コーチになる

この感覚に少しずつでも慣れてきましたか？
「もしあなたの友人なら」「もしあなたのコーチなら」といくつか挙げてきましたが、これは自分の視点を変えるのに役立ちます。

とくにコーチの視点になることは、あなたの視点をぐっと引き上げてくれます。
これがまさしくセルフコーチングなのですが、感覚がどうもつかみにくいという方に、ぜひ実践してみてほしいことがあります！

女優になったつもりで、コーチ役を演じる

イマジネーションを働かせて、「コーチ役を演じるなら、自分にどんなことを言うかな？」と考えるのです。

コーチングのアポイントを取って、手帳に予定を書き込む

本当に人と約束するかのように、自分でコーチングの日を決めて、スケジュール帳に書き込み、絶対にその時間を確保すること。
最初は、週に１回１時間でいいでしょう。慣れてきたら２週に１回、月に１回としてもいいですが、コンスタントに行ったほうが、確実に望む結果に近づきます。

アポイントの場所を設定して、きちんとした格好でする

本格的にセルフコーチングを行う場合、大切なコーチと大切な時間を過ごすために、場所を予約し、服装やヘアメイクもそれ相応の自分で行うこと。形から入るのも、身が引き締まると思います。

#impression

印象

ここでは、あなたの「印象」について考えていきましょう。

印象を作る要素は、見た目が大きいと言われています。

有名な「メラビアンの法則（※）」によると、見た目（顔や髪・ファッション・表情・姿勢・所作など）が55％、聴覚的要素（声のトーン・声の大きさ・話すスピードや間など）が38％、最後に話の内容で7％と言われています。

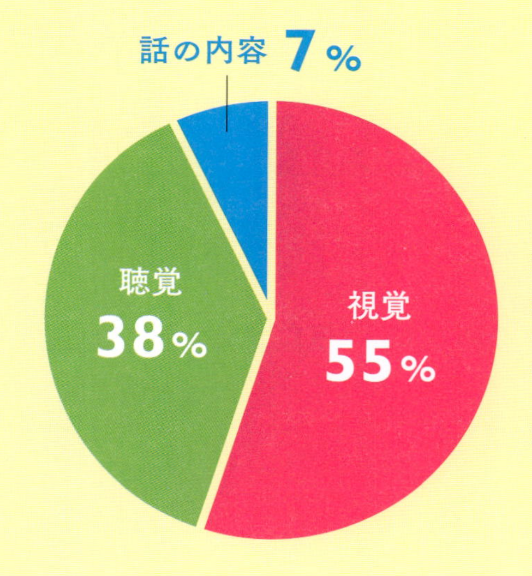

※メラビアンの法則とは、話し手が聞き手に与える影響について、アメリカの大学・UCLAの心理学者アルバート・メラビアンによって研究され、提唱された法則のこと。

人から言われるあなたの印象から、よくも悪くも、自分自身を振り返ることができます。**他人から自分の印象を言われることは、いいフィードバックの機会**なので、大事にしてください。

言われて、ただ喜ぶ・落ち込むだけではもったいないです。

言われたことから自分を振り返り、それをプラスに活かすための方法を、自分と作戦会議していきましょう。

Q65 人から言われるあなたの印象は何ですか? 考えられる理由もつけて3つ書き出してみましょう。

EX.

・優しそう
→タレ目だから。おっとりしているから。いつも笑顔だから。

・仕事ができそう
→いつもテキパキ動いているから。プライベートでもよく仕事の話をしているから。頭の回転が速いから。

・心配性
→よく「○○だったらどうしよう……」と言うから。慎重になりすぎてなかなか動けないことがあるから。

＊ほか、家庭的、サバサバしている、天然 etc.

人から言われるあなたの印象

理由

人から言われるあなたの印象

理由

人から言われるあなたの印象

理由

Q66 Q65の答えを見て、感じることや思うことは何ですか？

EX.

・（優しそう）優しそうに見られるのはうれしいが、自分の意見がなかったり、おとなしそうには見られたくない。

・（仕事ができそう）仕事が好きなので、そう言われるのはうれしいし自信になる。ただ隙がなく近寄りがたく見えると、恋愛に発展しなくなるので注意。

・（心配性）不安や心配は、本当は手放したい。もっとポジティブになってさまざまなことにチャレンジしてみたい。

感じることや思うこと

感じることや思うこと

感じることや思うこと

Q67 アクションプラン Q65とQ66を見て、活かし方やカバーする方法を考えて、今すぐできる行動を書き出してみましょう。

EX.

・(優しそう) 見た目は優しく、中身はしっかりして見られるように、普段からメイクや表情・話し方などで優しい印象を作りつつ、きちんと自分の意見を相手に伝えることを意識する。

・(仕事ができそう) 仕事の場面では、仕事ができる部分をアピールするためにカッコいいファッションをしたり、滑舌(かつぜつ)よく知的に話すことを心がけるが、プライベートでは女性らしいファッションをしたり、仕事の話を少し控えるようにする。

・(心配性) ポジティブな言葉をかけてくれる友人となるべく一緒にいるようにする。自己啓発系の本を読んだりセミナーに行く。

＊もっと具体的に、読む本や行くセミナーを書いて、実際に買ったり予約をしたりしてみましょう!

活かし方やカバーする方法

活かし方やカバーする方法

活かし方やカバーする方法

モノマネされる人になる

人のモノマネをしたり、されたりする機会があると思いますが、モノマネをされる人には、必ず特徴があります。

この「特徴」というのが、じつはその人をよく表す「印象」になります。

自分では**普段何気なく使っている言葉・表情・所作などを意外と人は見ていて、よくしていることをマネされる**というワケです。

あなたは人に、どんなモノマネをされますか？　また、だれかのモノマネをするとき、どんな部分をマネしているのでしょう。

これは、いい部分も悪い部分もしかりなのですが、まったくモノマネをされないという場合は、とくに人の印象に残らないということ。

もし**「人の印象に残る人になりたい！」と思うなら、たくさんモノマネされる人になりましょう！**

具体的に何をするとマネされる人になるかというと、たとえば、

- 人に印象づけたい言葉をよく使う（なるべく短いワードで）
- 「なりたい自分だったら、こんな表情をよくするだろう」と思う表情を意識的に心がける
- 「なりたい自分だったら、こんな所作や姿勢・歩き方をするだろう」と思うことを実際によくする　など

ちなみに私は、セミナーのときや記念撮影をするときの、ピシッと姿勢よく立って微笑んでる姿をよくマネされます。

これは、日常の私ではなく、“オン”のときの私です。自分がその役を演じているとき、印象が強くなっているのだと思います。最初は意識してやっていましたが、今では無意識にその役に切り替わります。“見せたい自分“を人の印象に残せた成功例です。

オーラを増やす方法

「オーラ」という言葉がありますが、一体何だと思いますか？

調べると「その人が発するエネルギーや雰囲気」とあり、「印象」と大きな関係があることがわかります。私は、**「印象に残る人＝オーラがある人」**だと思います。

オーラがある人を想像してみましょう。

「堂々としている」「目力が強い」「話し方が特徴的」「姿勢がいい」「所作がキレイ」「洗練された（または個性的な）ファッションやヘアメイク」など、これらはすべて印象のことですね。

オーラを増したければ、**まず「どんな印象にするか」を決めましょう。**決めるポイントは、これまでたくさんあげてきたあなたの価値観や好きなことです。

たとえば、"自由"を大切にしている人だったら、自由な印象に見えるファッションや表情・話し方などを考えて実行します。これをしばらくの間、継続しましょう。

大切なのは、自分の価値観に基づいているということ。

ただ意図的に考えた見せたい自分より、心から大切にしているものが伝わる自分のほうが、そこにあなたの思いが宿って、見え方も、自分自身も、よりエネルギーを増します。

先ほどの例で言うと、"自由"に見える外見・言葉・行動をくり返すことで、「私は自由を大切にしてるんだ！」とマインドコントロールがかかっていきます。他人の目にもそう映るので、さらに"私は自由"というセルフイメージを強めていきます。

オーラというものは、「私はこう！」と自分を肯定し、自信を持っているときによく表れるので、自分の価値観を表す印象作りを心がけていくと、必ずあなたのオーラは増していくでしょう。

#definition

自分の定義

人それぞれが持っている「ものごとの定義」には、その人の価値観が隠れています。

自分の価値観を知ると、それを大切にしようという意識が湧いて、行動が変わり、行動が変わると習慣が変わり、習慣が変わると人生が変わります。まさに、自分らしくて豊かな人生を送ることができるのです。

自分らしい豊かな人生とは、「私は私でよかった！」という自己肯定感を持てる人生のことで、生きる自信につながります。

考えてみてください。自分のパートナーや大好きな人が、ものごとに対してどんな価値観を持っているかって知りたくないですか？

たとえば、大好きな彼は「結婚」に対してどんなイメージや価値観を持っているのか？　それをどう捉えているのか？

二人の中の定義があまりにもかけ離れていると、現実にそれをすることは少し難しいかもしれません。

だからといって、定義や価値観が同じでないといけないわけではないのです。それぞれの捉え方や、価値観を一度じっくり話す必要があります。

そのうえで、互いに違いを認め合うことが大事。

これは、国によって違う言語や文化を、すり合わせていくのと似ています。

当たり前の基準が、日本とアメリカ・日本とフランス・日本と中国だったら随分違いますよね。もちろん違っていいのですが、「私の国ではこれが当たり前だったけど、あなたは？」と互いの考えを聞き合って、違いを一つずつ理解していけばいい。

他者を理解するためにも、自分と仲良くなるためにも、まずは自分自身が持っている定義をきちんと知っていきましょう。

Q68

「仕事」は私にとって

EX. 自分自身を表現するツール。夢を叶える手段。家族の生活を支えてくれるもの。心からやりたいこと。チャレンジ etc.

Q69

「お金」は私にとって

EX. 自分や人に必要なものを与え、幸せにしてくれるもの。生きるためになくてはならないもの。欲を駆り立てるもの。夢を叶えるために必要なもの etc.

Q70

「恋愛」は私にとって

EX. 自分を綺麗にしてくれるもの。女性としての喜び。駆け引き。学びが多いこと。自分を惑わせるもの。思いやりを思い出させてくれるもの etc.

Q71

「結婚」は私にとって

EX. 信頼関係を形にしたもの。世間的な建て前。一度で十分なもの。約束。小さなころからの憧れ。形式的なもの。子供を持つために必要なこと etc.

Q72

「子供（を持つこと）」は私にとって

EX. 自分の分身。一人の尊重すべき存在。バトンを託したい存在。鏡。癒し。学び。勇気づけられる存在 etc.

Q73

「親・家族」は私にとって

EX. チャンスを与えてくれた存在。感謝する人。尊敬する人。反面教師。無条件で自分を受け入れてくれる人。ものごとを教えてくれた人 etc.

#ilikeyou #ihateyou

今のあなたを作る人間関係

自分を作るものは、肉体的には食べ物、精神的には思考とお伝えしていましたが、もう少し広げると「環境」の要素が加わります。

環境とは物理的環境（住む地域・家・よく行く場所・職場・旅先・よく見るもの・よく聞くもの・身につけるもの etc.）と人間関係があります。

人間関係によって、あなたの思考や性格が変わってきます。すると、見た目まで変わってくるものです。

Step 2 では「理想の人間関係」について掘り下げてきましたが、ここでは、今のあなたを作っている人間関係について掘り下げていきましょう。

人間関係に対する自分の価値観を知ると、自分に必要なもの・必要でないものがよくわかるようになって、人間関係が自然と整理されていきます。整理ができていないときは、整理する基準（価値観）がわからなくなっているか、あいまいになっているときです。

モノも人も、シンプルなほど大切なものが浮き彫りになるのです。

また【Q81】では、「今までいてくれてありがとう！」と思える人たちへの、感謝の気持ちをたくさん感じながら書き出してみてくださいね。すると、あなたの中に愛が溢れて、より幸せを感じることができるでしょう。

人生において大切なのは、結果ではなく、その過程でどれだけ愛や感謝を感じられるかということ。それこそが真の豊かさで、幸せであるということなのだと私は思います。

Q74 これまであなたが恋愛対象として好きになった人の共通点は何ですか？　3つ書き出してみましょう。

EX. 夢を追っている。世界感がある。背が高い。頭がキレる。男気がある etc.

Q75 これまであなたが憧れた人の共通点は何ですか？3つ書き出してみましょう。

EX. 多くの人に愛されている。人を惹きつけるオーラがある。話が面白い。慈善事業をしている。エレガント。物腰が柔らかい。いつも笑顔 etc.

Q76 Q74とQ75を見て、気づいたことを書き出しましょう。

EX.
- つねに変化していく人に惹かれるんだ！　飽き性なのかも
- 人に愛されたいという自分の願望があるんだな
- 結局いつもないものねだりをしている気がする

Q77 あなたが嫌いな人や苦手な人の共通点は何ですか？ ３つ書き出してみましょう。

EX. 自分の意見を押しつける。約束を守らない。裏表がある。プライドが高い。人の悪口ばかり言っている。清潔感がない etc.

Q78 あなたが人間関係やコミュニケーションにおいて意識していることは何ですか？ ３つ書き出してみましょう。

EX. 苦手な人とは一定の距離を保つ。人の悪口や陰口は絶対に言わない。相手のよいところを褒めるように意識している。有言実行 etc.

Q79 Q77とQ78を見て、気づいたことや誓いを書き出してみましょう。

EX.
- 自分がイヤだと思う人間関係は、自分も絶対に人にしないようにしよう
- イヤなパターンを書くとき、〇〇さんの顔が何度もよぎった
- 今意識していることは、以前自分が失敗してきたことだとわかった

Q80 あなたの一番の理解者はだれですか？ 理由も書き出しましょう。

EX. ・母
→自分の弱いところや素の部分もすべて知っていて、いつも温かく受け入れてくれる。血のつながりと絶対的な信頼があるから。

一番の理解者

理由

Q81 あなたが感謝を伝えたい人はだれですか？ 実際に相手に手紙を書くつもりで、感謝の気持ちを書き出してみましょう。

EX. ・昔の彼△△さん
→あなたのおかげで私は変われました。つねに前向きで、人に元気を与えてくれるあなたような人になりたいと思い、長い時間や空間をともにすることで、どうしたらそうなれるかわかった気がします。今私は、なりたかった自分になれていると、自信を持って言える。ありがとう！

感謝を伝えたい人

感謝の手紙

#favorite

お気に入り

あなたのお気に入りを知ることは、そこに隠れている大切な価値観を知ることです。
ここでは、一般的にイメージしやすい「映画・本・国」をテーマに、それぞれのお気に入りを探ってもらいます。

好きな部分は人によってさまざまで、価値観も多種多様です。
あなたの価値観は何でしょう？

好きな映画や本、国について、なぜ好きなのかを知ることは、自分の好きなところや人のいいところを見つける訓練にもなります。
こうした**「なぜ？」をたくさん自分に質問することで、どんどん自分と仲良くなることができます**。

友人との会話でも、まずは身近な映画や本、行ってみたい国を話題にすると意外に盛り上がることがあるように、自分との対話でもフックになるトピックです。
ただし、「なぜ？」と質問するときは、問い詰めるように聞くのではなく、興味を持って子供が親にワクワクして問いかけるように聞くのがポイントです！

また、お気に入りを探っていく中で出てくる**一見バラバラに感じる価値観も、すべて書き出して眺めてみると、意外な共通点が見つかるはず**です。

その共通点を知ることは、自分の大切な価値観に気づくこと。
価値観を知ることは、自分を動かす動機になります。
そして日々のモチベーションがアップし、行動が促されるでしょう。

Q82 あなたが好きな映画は何ですか？ その理由と印象的なエピソードや好きなシーンも書き出してみましょう。

EX.
・「リトル・マーメイド」
→自分に正直で、自分の意思を持って自由に生きるアリエルに勇気づけられる。鮮やかな映像で、音楽も楽しく感動的。見ていてワクワクする！
【印象的なエピソードや好きなシーン】
アリエルとセバスチャンが海底でくり広げる歌やダンスのシーンと、アリエルが人間の世界を見てみたいと強く願い、その思いを歌っているシーン。

・「SEX and the CITY」
→さまざまな立場の女性の視点から描かれるリアルなライフストーリーにとても共感したり、憧れたりする。また、ファッションや行くお店など、とても素敵でワクワクし、参考にしている。
【印象的なエピソードや好きなシーン】
４人でアブダビに行くシーン。おしゃれをした大人の女性だけの気兼ねない旅はとても楽しそうで憧れる。あんな旅がしたいし、あんな友達関係は最高！

あなたが好きな映画

理由

印象的なエピソードや好きなシーン

Q83 あなたが好きな本は何ですか？ その理由ととくに印象に残っている部分や好きな部分を書き出してみましょう。

EX.

・『アルケミスト』（パウロ・コエーリョ著、山川紘矢＋山川亜希子訳、角川書店）
→冒険を通してさまざまな人と出会い、数々の試練の中で自分自身と向き合い、成長し、自分を信じることの大切さを教えてくれる。読むと勇気をもらえて行動が促されるから。
【印象に残っている部分や好きな部分】
砂漠の女ファティマの「自分の夫には、砂丘を作る風のように、自由に歩き回ってほしい」というセリフにとても共感した。

・『7つの習慣』（スティーブン・R・コヴィー著、ジェームス・スキナー＋川西茂訳、キングベアー出版）
→人生や生きる指針となる教科書のような本。何かに迷ったとき、この本を読み返したら解決策が見つかる。
【印象に残っている部分や好きな部分】
自分のミッションステートメントを作成するワーク。これにより使命感、人生へのモチベーションが格段にアップした。

好きな本

理由

印象に残っている部分や好きな部分

Q84 あなたが好きな国や街はどこですか？ その理由と好きになったエピソードも書き出してみましょう。

EX.
・パリ
→女性がいくつになっても「女性」であり、自分のアイデンティティーを大切にしていて、いい意味でつねにプライドを持ち、意識が高い人が多いから。
【好きになったエピソード】
５年前に行ったとき、ピンヒールに赤いリップと香水をつけた年配女性と道ですれ違いドキッとした。パリではこんなふうに、年を重ねてもセクシーで上品な女性にたくさん出会えて、自分も女性として年を重ねることが楽しみになった。

・ハワイ
→なんとも言えない開放感と気候がいいところ。海もキレイで、おしゃれなホテルやお店も多く、いつ行っても飽きない。日本人が多いのも安心。
【好きになったエピソード】
はじめてハワイに行ったとき、人生に悩んでいる時期だったが、ハワイの景色や人に癒やされ、帰るころにはとても晴れやかな気持ちで解決策も見えていた。

好きな国や街

理由

好きになったエピソード

「一緒にいて楽しい！ 心地いい！」と思ってもらう方法

この本のワークに取り組んでみて、もしかしたら、あなたはすでに自分の価値観に気づいて、語れるくらいになっているかもしれません。ますます自分のことがわかって、人生にプラスとなっているでしょう。

しかし、だからといって、決して身近な人たちにいきなり価値観の質問をしないでください。

きちんとステップを踏まないと、たぶん理解できないことが多いから。

とくにお子さんやパートナーなど、普段そういった話をしてこなかった関係でいきなり価値観について切り出すと、「難しい」とか「あなたが変になった」とか思われてしまいます。

そんなときは、**相手が好きなことやワクワクすること、興味があることについて心から興味を持って聞いてみてください**。

好きなことやワクワクすることをリストアップするのは、単純に楽しいですし、セルフイメージが広がり、モチベーションも上がります。相手も、目がキラキラし出して、あなたに話すことを楽しいと感じるでしょう。

そういった時間が持てると、相手は、あなたといて心地いいとか、楽しいと思い、あなたに好意を抱きます。

これは、コミュニケーション上手になる手段でもあります。

本当のコミュニケーション上手とは、話すことが上手なのではなく、聞くことや質問することが上手なのです。

また、好きなことやワクワクすることをくり返し聞いていくうちに、相手は自然と、自分の価値観に気づいていくでしょう。すると、「あなたといると気づきが多い。またあなたに会いたい」と思ってもらえます。

Column

言い訳を手放すと自由に生きられる

出来事があなたにストレスを与えるのではなく、その出来事をどう捉えるかで、ストレスになるかどうかが決まります。

ストレスが襲ってきたとき、たいていの人は言い訳をします。
「もし○○していなければ」「○○しておけばよかった」「もっと早かったら」「○○だからできなかった」「○○があればできた」など、思い当たることはありませんか？
言い訳がまったくなかったら、どんなにストレスフリーな人生でしょう！

まずは、**自分の中にある言い訳をすべて書き出して、気づくことが大切**。気づいたならば、それを一つずつ手放す努力をすること（→P.102の「手放すStep」参照）。
そして、**言い訳をポジティブな言葉に言い換えてみましょう**。
「○○だからできない」→「○○をできるようにしよう！」など。

私は、夫を亡くした5年半前から、とことんこれをやってきました。
現在では、置かれている状況を素直に受け入れて、自分に対する言い訳をまったくしなくなったので、とても生きやすく、精神的な自由を手に入れました。
昔の私にとって自由の定義は、「好きな人と好きな場所で暮らしたり仕事をしたり、好きなときに好きな場所に旅行に行けたり、好きなものを買うことができる」ということでしたが、今では、「精神的に解放されること」なのではないかと思います。
つまり、**ものごとや状況を素直に受け入れて、言い訳をしないで生きる**ということなのではないでしょうか。

Step3 を終えて

この章では、自分について掘り下げる質問をたくさんしてきました。

自分のことを知っていくと、自分に愛着が湧いてきませんか？

パートナーといい関係を築いていくときも同じですが、少しずつ時間をかけて丁寧に愛を持って接していくと、そこには信頼関係が生まれます。その信頼は、月日が経てば経つほど強いものになります。

この本のテーマは、「自分を最強のパートナーにする」ですが、**自分とパートナーシップが組めると、さまざまなことに恐れずにチャレンジできるようになります。**

もし失敗しても、全身全霊で受け止めてくれる相手がそこにいるから。不安にかられたときも、冷静な気持ちで目の前の問題に立ち向かっていけるでしょう。

まとめ

自分とのコミュニケーションを怠らない

自分が普段、無意識で行っていたことに意識的になってみると、さまざまな気づきがある。

自分と信頼関係を築くと、人生の可能性が広がる

自分を活かすためにも、真の豊かな人生を手に入れるためにも、まずは自分のことをどれだけ知っているか？　がカギとなる。

愛と感謝をたくさん感じられると、幸せで豊かな人生になる

Step 4

#life

人生を見つめる16の質問

もし今日が人生最後の日だとしたら、
今日やろうとしていることは
本当に自分のやりたいことだろうか？
その答えが"NO"である日が続くなら、
何かを変える必要がある。

スティーブ・ジョブズ

16 Questions to Rethink My Life

自分の人生を俯瞰（ふかん）して生きる意味を見つける

最後の章は、これまでの質問の中でもっとも深い部分……“人生”について考えていきましょう。

過去・現在・未来、そしてあなたの生まれてきた意味について考えると、より自分の人生が愛おしく、毎日がワクワクし、使命感が生まれ、人生がさらに意味のあるものになります。

自分のソース（source）とつながった生き方は、毎日がとても楽しく快活で、幸せをたくさん感じられます。

私は今まで、この本に出てくるような質問にたくさん答えてきました。とくに、この章の質問は難しいので、最初は答えられなかったのですが、10年以上かけて丁寧にくり返すことで、やっと胸を張って言える答えに辿り着きました。

もちろんこの探求は死ぬまで続くと思いますが、何も考えずに生きていたころより、自分の人生に意味を見出し、今の私はとても力強くエネルギッシュに生きていると思います。

エネルギッシュに過ごす時間が増えると、心身ともに健康になり、いろんなことが今まで以上に楽しめるようになります！

人生でそんな時間を長く過ごしてみたいと思いませんか？　質問にすべて答えた後、あなたは確実にその実現に近づくでしょう！

POINT

- ☑ これまでの自分の人生をじっくりと振り返りながら
- ☑ 時間をかけてもいいので丁寧に。
  一つの質問に一日かけるくらいでもいい
- ☑ 答えが思いつかない場合は、
  まわりの人にも聞いてヒントにしてみて
- ☑ それでも難しい場合は、無理に書かないこと。
  ゆっくり時間をかけて書いてもOK
- ☑ 自分の人生を一本の映画と捉えて、
  映画を振り返る感覚で書いてみて

#learning

気づいたこと、学んだこと

人生でのターニングポイントや、失敗談・成功談をじっくり振り返ることで、今の自分の生き方がわかります。

今のあなたの価値観は、過去のどんな出来事からきているのでしょうか？
質問の答えを書き出していくことによって、より自分の人生を肯定でき、自信を持てるようになります。

書き出していくうちに、否定的な感情が湧いたり、自己嫌悪に陥ったりした場合は、なぜそうなったのか、じっくり見つめていきます。
原因に気づいたならば、その感覚を、時間をかけながら少しずつポジティブなものに上書きしていきましょう。

起こった出来事は変えられませんが、意味づけを変えることはできます。
たとえば、自分のある言葉で人を傷つけてしまい、関係を壊してしまったとします。その出来事は変えられませんし、もしかしたら、もう関係を取り戻すことは、どんなに努力をしても難しいかもしれません。
ですが、そのままで終わらせるのか、これを次に活かすのか？
活かすなら、どうすればいいだろう？　と自分に問いかけます。

自分の中で答えが出ない場合は、「もし憧れの〇〇さんだったら、どんなふうに考えて、どんなアドバイスをするだろう？」という視点で書き出してみてください。
もしそれを考えるのも難しいなら、「こういったケースを次に活かすなら、どんなことができるか？」と同じ質問を、友人や先輩など身近な人に聞いてみましょう。

Q85 あなたの人生でのターニングポイントは何ですか？そこから学んだこともつけて3つ書き出してみましょう。

EX.

・20歳のときにさまざまな国を1か月間一人旅したこと
→文化の違いや価値観の違いを目の当たりにして、日本での常識は世界の常識ではないということを身を以て知った。もっと自分の意見を持って伝える力が必要。自分のやりたいことを実現するために、英語の必要性も痛感した。

・起業したこと
→長年の会社勤めから独立してみて、自分の中の常識がガラッと変わり、今までの自分がどれだけ会社や人の力で成り立っていたかを痛感した。最初は苦労の連続で心が折れそうになったが、その苦労が今の糧となっている。信念を持って続けることの大切さを学んだ。

人生でのターニングポイント

学んだこと

人生でのターニングポイント

学んだこと

人生でのターニングポイント

学んだこと

Q86 あなたの人生での失敗談は何ですか？ そこから何を学んで、どう次に活かしたのかも つけて3つ書き出しましょう。

EX.

・過去の恋愛で、当時自分が幼すぎて彼に迷惑をかけ、感情的になってケンカばかりして別れてしまったこと
→その経験から、現在付き合っている彼には、決して感情的にならず、つねに客観的に冷静に向き合い、思いやりを持って接することができるようになった。

・自分のミスで、あるプロジェクトが途中でなかったことになってしまい、メンバーに多大な迷惑をかけ、会社にも損失を与えた
→ミスがないかダブルチェックが習慣になり、その後ミスを一切していない。また、失敗が大きなバネになり、より仕事に真剣に取り組むことになって、上司の評価は逆によくなった。

人生での失敗談

学んだことや活かしたこと

人生での失敗談

学んだことや活かしたこと

人生での失敗談

学んだことや活かしたこと

Q87 あなたの人生での成功談は何ですか？ そこから学んだこともつけて3つ書き出しましょう。

EX.

・思い切って転職し、新しい職場で大きなプロジェクトを任され、会社員でも自分の思いどおりの仕事ができている。チームメンバーも自分で選べる立場になった
→いつまでも迷っていないで、心を決めて行動することの大切さを学んだ。思ったことはすぐに行動に移すクセがついたと思う。また、行動して得た結果も自分の自信になっているので、何事にも以前より自信を持てるようになった。

・習い事を通じて、一生仲良くしたいと思えるような親友に出会えたこと。ともに刺激し成長し合えて、絶対的に自分の味方と思い合える関係
→興味のあることやピンときたことにはフットワーク軽く、なんでも行ってみると、そこには新たな出会いがある。直感を信じて行動すること。自分のことのように思える友人を見つけると、こんなにも心が軽くなるということ。

人生での成功談

学んだこと

人生での成功談

学んだこと

人生での成功談

学んだこと

#priority

優先順位

ここでは、「最も深いあなたの価値観」を知っていきます。

Step 1～3で、たくさんの質問に答えてきたあなただからこそ、この質問に答える意味があります。

この本に取り組む前のあなただったら、「大切にしていること」を聞かれても、頭で考えた表面的なものを答えていたでしょう。

でも、たくさん自分と向き合ってきた今のあなたは、潜在意識がどんどん引き出されているので、もっと深い答えに辿り着くことができます。

あなたが人生で大切にしていることやその優先順位を探り、今あなたが何をするべきか、どうあるべきか、本当の意味でわかるでしょう。

「やるべきことはわかっているのに、実際に行動できていない気がする……」と思う人は、たぶん、頭では理解しているけど、腹にまで落ちていないのだと思います。

「腑(ふ)に落ちる」という言葉がありますが、これは頭での理解を、もっと自分の奥（心）で納得するという意味の表現です。

人は、心底納得したことなら、自然と行動に移せるようになります。

わかりやすい例でいうと、「健康が大事」と思っている方でも不摂生をやめられないケースは多いでしょう。

ですが、不摂生が原因で死と隣り合わせになるような大病をしたとしたら、その方は「健康が大事」ということを腹の底からわかるようになるでしょう。病気から復帰すると、人が変わったかのように健康的な習慣になる……というケースは少なくありません。

大切にしていることを腹落ちさせるには、とにかくくり返しそのことを意識します。**呪文のように毎日何度も心で唱え、その言葉を忘れないようにします**。すると、それに基づいて行動し、経験を積み重ねるようになり、腹に落ちます。

Q88 あなたが人生で大切にしたいことの優先順位ベスト３は何ですか？ 理由も書き出してみましょう。

EX. 【１位】大切な人との絆や一緒に過ごす時間
→自分のパワーの源。何がなくてもこの部分だけは大切にしたいと思っている。また、自分も含め、大好きな人たちが健康であってほしい。

【２位】つねに成長し続けること
→人生一度きり、さまざまなことにチャレンジして自分の可能性を広げたい。成長することにより自分に自信もつけたい。

【３位】自由であること
→だれかに指図されたり、常識にとらわれるのではなく、自分で決めたことを自分で選択し、つねに自分を信じて生きていきたい。

1位	人生で大切にしたいこと 理由
2位	人生で大切にしたいこと 理由
3位	人生で大切にしたいこと 理由

Q89 あなたの人生のモットー（信条・方針）は何ですか？理由もつけて3つ書き出してみましょう。

EX.
- 自分に正直であること
  →自分に嘘をついていると疲れてしまう。自分と仲良しでいたいから。

- 人に対して誠実であること
  →よくも悪くも自分のしたことは自分に返ってくるから。人に誠実でなければ、人からも誠実に扱ってもらえない。

- チャレンジを恐れないこと
  →自分の可能性やまだ見ぬ自分に出会いたい。人生は一度しかないから後悔なく今を生きるため。

人生のモットー

理由

人生のモットー

理由

人生のモットー

理由

Q90 あなたの理想の生き方を体現している人はだれですか？理由もつけて3人書き出してみましょう。

＊身近な人、有名人、映画や本の登場人物など、だれでもOK。

EX.
・メンターの○○さん
→日本と海外にも拠点を持ち、さまざまな業界の方と分け隔てなく付き合い、自分のやりたいことを仕事にして、たくさんの事業で成功されている。いつもエネルギッシュで輝いている。

・母
→女性らしく、謙虚で思いやりがあって、家族との時間や、家のことをする時間もとても大切にしている。美しくある努力をつねに怠らず、夫（父）のことを尊敬していて、年を重ねてもラブラブでいるところ。

理想の生き方を体現している人

理由

理想の生き方を体現している人

理由

理想の生き方を体現している人

理由

#history

自分の歴史

自分の人生を10年単位で考えてみると、だれでも大きな変化があることに気づくでしょう。

人によっては1年でもめまぐるしい変化がある方もいれば、5年たってもこれといって変化がないという方もいるかもしれません。

転職も引っ越しもしていないし、パートナーも同じだし……と思っている方は、表面は変わらなくても、自分の内面はどうでしょう。

ものごとの捉え方や価値観など、いろいろ変化があると思います。

自分自身やまわりの環境、人、人生など、つねに移ろいでいくもの。絶対に変わらないものはないのです。むしろ、変わらないでいようとすることは、成長や進化をとめてしまいます。

変わりながら、そのときどきの変化を楽しんでいけばいいのです。変化を楽しめる人ほど、人生で得をします。

次に、10年単位で、そのときどきの自分を端的に表してみてください。

以前の章でも述べていますが、「端的に表す」というのがポイント。

これまでの10年を要約したとき、自分はそれをどう捉えているのか？そして、これからの10年をどうしていきたいのか？　を知ることができます。

10年後・10年前の自分とのコミュニケーションは、成長した自分や成長する前の自分との対話になるので、人生の節目で必ず行うようにするといいでしょう。

とくに**未来の自分（なりたい自分）の視点は、つねに忘れないこと**。自分のステージを引き上げてくれます。

自分の成長を知ると、自分の生き方への自信になり、その自信が生きるモチベーションにもなります。

Q91 あなたの人生を10年ごとに区切って タイトルやテーマをつけるなら、何がいいですか？

＊過ぎた年代については、過去を振り返って、未来の年代については、夢や目標を考えてつけてみましょう。
＊時間をとって、それぞれの10年をじっくり味わってみましょう。

EX.

【10代】無邪気さと好奇心
【20代】現実を知り挫折を味わう
【30代】結婚と子育て
【40代】自分を高めるスキルを身につける
【50代】一人の女性として人生を楽しむ
【60代】趣味を極める

私の例

【10代】憧れと挑戦
【20代】自己実現と実績作り
【30代】自分のスタイルを確立
【40代】家庭と仕事の両立
【50代】人生の新たなるチャレンジ
【60代】若者のよき指導者

10代	
20代	
30代	
40代	
50代	
60代	

Q92 10年後の自分に聞いてみたいこと・伝えたいことは何ですか？

EX.
・今私がしようとしている事業は、果たしてうまくいくでしょうか？
・今どんなことを意識し、行動すればいいでしょうか？
・今私はとても悩んでいますが、同時に、ドキドキ・ワクワクもしています！ etc.

Q93 10年後の自分は、あなたにどんな言葉をかけるでしょうか？

＊未来の自分になったつもりでイメージしてみましょう。

EX. 結果がうまくいくかどうかよりも、今の自分を信じて、自分がやりたいと思ったならぜひやってみるべき。人生は一度しかないのだから、やらないで後悔するよりもやって後悔したほうが得ることが大きい。ワクワクするものを選択してみて！

Q94 今のあなたから、10年前の自分に伝えたいメッセージは何ですか？

EX. 今あなたがつらくてしょうがないと思っていることは、時間が解決してくれるから大丈夫、安心して。今の経験は未来の糧となるから、勇気を持って前に進んでみて。

遠い未来を見てから
近い未来を見る理由

10年単位で自分のことを考えられるようになったら、今度は、1〜5年後の近未来についても考えていきましょう。

10年単位で考えられるようになると、1〜5年後について考える内容も変わります。

現在から未来を考えていたのが、未来から現在を考えるようになるからです。

先にゴールを知り、その道筋をイメージすると、大きな視点で今を見つめることができます。しかし、現在のことを現在の視点だけで考えると、視野がとても狭くなって、チャンスも狭めてしまいます。

未来の視点から現在の選択ができるようになると、よりダイナミックに生きることができます。それを積み重ねていくと、チャレンジを恐れなくなり、失敗も糧にできるようになるので、自分の生き方に自信を持てるでしょう。

また、次の【**Q95**】について注意があります。書いたものを「達成しないといけない"やるべきことリスト"」とは捉えないでください。

これは、今あなたがどうしたいのかを自分自身で確認するために書くものであり、自分を縛るものではありません。

目標を持つのはとてもいいことなのですが、目標を意識することで窮屈になっていく場合もあります。ここで窮屈な思いをしてしまったら本末転倒……。

目標を意識してポジティブな気持ちでいられるときは、目標を持っていてもいいです。でも、目標を意識してネガティブな感覚になる場合は、いっそ目標を決めずに、"どうありたいか"という価値観だけを意識しましょう。

Q95 今から1年後、3年後、5年後、あなたはどうなっていたいですか？

EX. 【1年後】今の仕事で目標の結果を達成し、独立に向けて本格的に準備をスタート。情報収集や人脈作り・資金調達など1年以内にする。

↓

【3年後】独立して、やっと軌道に乗るころ。2店舗目の準備と、それが決まったら現在付き合っている彼と結婚するころ。

↓

【5年後】2つの店舗は従業員に任せて、自分は経営をしながら、結婚して子育てをしている。子育てに必要な十分な時間とお金をそれまでに確保している。

【1年後】ワーキングビザの申請がおりて、念願のパリ生活がスタート！

↓

【3年後】パリで顧客がたくさんつき、自分の店を持てるまでに。口コミで海外からもVIPがたくさん来てくれるようになり、雑誌にも取り上げられる。

↓

【5年後】パリでのライフスタイルや仕事のことをブログで発信していたところ、日本から出版のオファーが来て、エッセイ本が日本で大ブレイク！　フランス人と結婚し、バケーションでは世界のさまざまな地を回るようになっている。

1年後

↓

3年後

↓

5年後

If　もし○○だったら

「もし○○だったら？」と考えることは、今のあなた以外の視点を持つこと。

「もし相手の立場なら、どうだろう？」
「もし○○さんだったら、この場面でなんと言うだろう？」
「もし○○さんだったら、どう捉えるだろう？」
「もし○○していた（していない）としたら、どうなっていただろう？」

こんなことを考えてみると、自分やまわりの状況を俯瞰することができ、今まで見えなかったものが見えるようになったり、気づかなかったものに気づけるようになったりします。

目で見えるものや耳で聞こえるものは、脳が「ある」と捉えるから、実在しているだけ。脳が捉えないものは、実際に目の前でくり広げられている光景も、聞こえる音も存在しないのと一緒です。
「心ここにあらず」という言葉がありますが、こんな状態のときは、目の前のものや音を捉えることができません。
要は、**意識をそこに向けているか向けていないかの違いで、見えるもの・聞こえるものが変わってくる**のです。

自分を俯瞰することは、見えるもの・聞こえるものの幅を広げてくれます。
何かに行き詰まったとき、不安に駆られたときは、俯瞰して状況や感情を整理しましょう。すると、解決策が見えやすくなります。

#purpose

人生の目的

この章の最後は、答えるのがとくに難しい質問かもしれません。

最後の瞬間にどうありたいか？

亡くなったあと、まわりの人にどんなふうに思ってほしいか？

という質問には、あなたが人生を通して大切にしていること、優先したいこと（人生の価値観）が表れます。

でも、なかには「自分が死んだあとのことなんかわからない、人にどう思われてもいい」という方もいるでしょう。

これに関しては、自分が納得のいく形で生きられたうえで、そう思うのならいいと思います。ですが、納得いく形で生きられていないのに、そう思っているのならば、自分の人生をないがしろにしているように思います。

大切なのは、「ありたい自分で生きる」「自分の価値観をもとに生きる」ということです。これは人生の大きな充実感となります。

また、**【Q99】**の「あなたの人生にタイトルをつけるとしたら、何ですか？」という質問は、「あなたの人生を要約するなら何？」ということ。

ちなみに私は最初の本を出すとき、ひと言で自分の人生を表す言葉にしたい！　と思い、たくさんの候補から一つに絞りました。

『やりたいことを全部やる人生』というタイトルに決めてからは、自分の中で、思いの点と点がつながっていき、線になるのを感じました。

そこから自分の言葉や行動に力強さが出たと、自負しています。人からもそう言われるようになりました。

あなたの人生を豊かで幸せなものに加速させるためにも、ここからの質問にじっくり取り組んでいただきたいと思います。

Q96 もし今日が人生で最後の日だったら、あなたは何をしますか？

EX. 大好きな人たちに一人ずつ感謝を伝えたい。いつも通り家族と日常を過ごし、美味しいご飯をともにし、たくさん笑いたい etc.

Q97 自分が亡くなった後、人からどんな人だったと言われたいですか？

EX. まわりの人を元気にする人。生き方で道を示した人。家族を心から愛した人。数々の功績を世の中に残した人。○○の道を極めた人 etc.

Q98 自分の墓石に彫りたい言葉は何ですか？

EX. ありがとう。感謝。愛。夢。座右の銘 etc.

Q99 あなたの人生にタイトルをつけるとしたら、何ですか？

EX. やりたいことを全部やる人生。自分に嘘のない生き方。夢を叶える物語。世界を巡る旅。冒険。トライ&エラー etc.

Q100 あなたがこの世に生まれてきた意味（魂の目的）は何だと思いますか？

EX. 人のサポートをすること。夢に向かってさまざまなチャレンジをすること。人の指導をすること。家族を愛すること。自分らしく生きる大切さを人に伝えること etc.

Step4 を終えて

あなたの人生に関するさまざまな質問に答えていただきました。

自分の人生が走馬灯のように浮かんだことでしょう。

こうした振り返りを定期的にすることによって、生まれてきたことへの感謝が増します。

人生は撮り直しがきかない、LIVEの映画です。その映画の主人公はあなたであり、脚本や監督・演出などもすべてあなたが手がけているのです。

自分の人生の映画を、あなたはどんな映画にしたいですか？

テーマや登場人物、舞台、演出など、自分の好きなようにアレンジできることを理解してください。

そして、あなたは女優なので、役を演じ分けることもあるでしょう。ですが、そのときどきで与えられた役を最大限に楽しみ、活かし、映画を盛り上げていくと、人生はとても充実したものになります。

まとめ

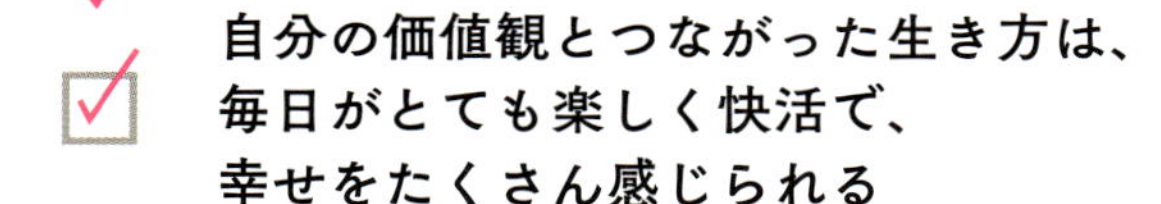

- 自分の価値観とつながった生き方は、毎日がとても楽しく快活で、幸せをたくさん感じられる
- 起こった出来事は変えられないが、意味づけを変えることはできる
- 自分の成長を知ると、自分の生き方への自信になり、その自信が生きるモチベーションになる

#solution

人生のあらゆる問題を解決する30の質問

これからの人生のいろんな場面で、くり返し使える質問です。もし思い当たることがなければ、飛ばしても構いません。

何かに悩んだとき、迷ったときは、やみくもに人に相談する前に、一度ゆっくり自分の胸に手を当てて、自分の内にそっとやさしく聞いてみましょう。すべての答えはあなたの心の中にあります。

自分の中の答えはごまかせません。その答えが自分の中から湧いたものであれば、それを大切にすること。他人の言葉より、自分の心の声を優先させてみてください。これをくり返すと、自分の心の声はもっと大きくなっていき、キャッチするのが簡単になります。

#conflict

意見の衝突

仕事でもプライベートでも、「自分の意見を通すべきか」「相手に従うべきか」迷ったときに役立つ質問です。

相手に反論したいけど人間関係を壊したくない、できればお互いにいい気持ちで関係を続けたい、でも、自分が折れるのもなんだか納得できない、という苦しい状況になったら、ぜひ使ってみてください。

いろんな場面で応用できるはずです。

ここで言いたいことは、**冷静に判断するために客観的視点を持とうということ**。書き出すと、文字として自分の目で確認できるので、客観視したいときにとても効果的です。

頭で考えてわかった気になっていても、書いてみることで、気持ちや状況がさらに整理され、最初の考えとは違うものになったりします。

しかし、書いてみても悩む場合は、最終的には直感で決めてください。そこまでじっくり向き合えたなら、正直どちらを選んだとしても、あまり後悔はないはず。

どちらを選んでも、その結果に責任を持てればいいのです。

自分の行動に責任を持ち、腹をくくってものごとと向き合うようになると、潔くなり日々の選択・人生で、迷うことが少なくなるでしょう。

こんな生き方ができると、まず自分自身が気持ちいいのですが、それだけでなく、まわりの人も吸い寄せられるかのように、あなたのまわりに集まってきます。

なぜなら、人は、自分を引き上げてくれる強い存在に集まる傾向があるからです。

腹をくくって潔く「どんな結果でも受け入れる」というスタンスでいたら、たいていのことはポジティブに捉えられ、視野やチャンスは自然と広がっていくでしょう。

Q1 あなたの意見は何ですか？

Q2 相手の意見は何ですか?

Q3 あなたの意見と相手の意見の違いは何でしょう?

Q4 あなたの意見を通した場合の未来をイメージして、
予想されることを書き出してみましょう。

Q5 相手の意見を通した場合の未来をイメージして、
予想されることを書き出してみましょう。

Q6 両方の未来を冷静に見比べてみて、どちらが最良と
言えるでしょうか?　その理由も書き出してみましょう。

Q7 どちらかを選択したあと、あなたにも相手にも
プラスになるようにするには、何をしたらいいでしょうか？

「今決めた未来を選択する」と決断し、後戻りしないことを自分に誓いましょう。選択した未来は、どんな未来であれ、あなたの手でポジティブなものに変えていくことができます。そう信じましょう！

#stress

相手への不満

相手に不満やストレスを抱えているとき、それらは、相手ではなく自分自身が作り出しているもの。相手と自分の感覚が違うことを、自分がよしとしないから、不満やストレスになるのです。

ここでいう感覚は、「価値観」と置き換えてもいいです。

たとえば、汚い部屋が全然平気な人もいれば、ちょっとでも汚いとダメな人もいます。これは、双方の価値観の違いです。

価値観を相手に合わせようとする（または対立しようとする）から、フラストレーションが起こります。

この質問を通して、自分自身の価値観を知り、まずはそれを大切にしましょう。

そのうえで、本当に相手のことが大切なら、自分の考え方や捉え方を微調整（＝相手に合わせる）していけばいいのです。

もし微調整することがストレスに感じるようなら、その相手とは距離を置いたほうがいいでしょう。無理して相手に合わせることはありません。

たとえ相手と離れることになっても自分の価値観を尊重するのか、相手との関係を大切にするために自分が歩み寄るのか、結局はこの二択しかありません。

究極をいうと、**ストレスを感じないようにするためには、“ストレスをストレスとして捉えないこと”**です。

ストレスの対象をどうにかしようと思うから、余計ストレスになるのであり、人を変えたければ、まずは自分が変わること。

それが一番手っ取り早く、平和な方法です。

Q1 今あなたは相手のどんなところに不満を感じていますか？
具体例も書き出してみましょう。

Q2 Ｑ１の答えは、あなたのどんな価値観からくるのでしょうか？

Q3 Ｑ２の価値観に、相手は気づいていますか？
気づいている場合、相手はどう捉えていると思いますか？

Q4 どうなったら理想ですか？

Q5 理想の状況に向けて、あなたが今努力していることは何ですか？

Q6 もしも相手にこの不満を伝えるなら、どう伝えますか？

Q7 それを聞いたら、
相手はどう感じて、どんな行動をとると思いますか？

Q8 Ｑ１～Q7を踏まえて、今あなたは何をすべきだと思いますか？

必ずしも相手に伝えることがいいとはかぎりません。伝えることを促しているのではなく、全体を眺めたうえで、あなたがすべきことを考えましょうという意味です。

ときには、伝えないで、相手と距離を置くことがベストかもしれませんし、関係が悪くなったとしても、自分の思いを伝えることがベストかもしれません。

#decision

選択の迷い

人生は、選択と決断のくり返しです。

何かをとると決断したとき、同時に何かを捨てています。

本当は、「今までのものを全部残したまま、新しいものも手に入れたい」、AとBで迷ったら「どちらも欲しい！」と思うかもしれません。でも、それは無理です。

たとえば、仕事の成果を優先させると、時間やエネルギーを使うことになります。買い物に行ってAとBで迷って、どちらも手に入れることはできるかもしれませんが、代わりに家のスペースを失っています。

彼といい関係を続けながらも、都合のいい男性も手に入れることができるかもしれません。ですが、代わりにあなたの良心を失っています。

私たちは、「何を手にして何を手放すのか？」という選択を、小さいことも含めたら、毎日何度も行っています。

どれも基準となるのは、あなたの価値観と、それに基づいた優先順位です。

この本ではくり返しとなりますが、**あなたの価値観と、それを大切にして先に進むという強い意志と行動力がとても大切**です。

ここからの質問は、答えることに慣れてきたら、どんなケースにも応用できます。

迷う内容は変わっても、質問の趣旨は同じなので、選択に迷ったら、これら質問にすべて当てはめて書き出してみてください。

友人から相談された場合も、この質問を相手にして、一緒に書き出すのを手伝ってあげると、かなり解決に向かうと思います。

【AとBどちらをとるかの迷い】

EX.
・転職先をAにするかBにするか？
・新規案件の仕事を受けるか受けないか？
・家を都心に持つか郊外に持つか？　etc.

ノートか紙をタテに2分割して使います。左に選択肢Aに対する【Q1～Q5】の答えを書き出し、右に選択肢Bに対する答えをそれぞれ書き出します（表にしてもよし）。書き終わったら、選択肢Aの場合とBの場合を左右で見比べてみましょう。

Q1　それを選んだときのメリット

Q2　それを選んだときのデメリット

Q3　それを選んだ場合、あなたの気分はどうでしょう？

Q4　それを選んだ場合、未来にどんなことが待っていると思いますか？

Q5　それを選ばない場合、未来にどんなことが待っていると思いますか？

さて、あなたはこれらを眺めてみて、どちらの選択が最良と思いますか？

頭で考えたこと、心で感じたこと、両方を踏まえて直感で答えを書いてみましょう。

【継続してきたことをやめることへの迷い】

EX.
・会社を辞めたほうがいい？
・今の彼（夫）と別れたほうがいい？
・今の家を手放す？ etc.

Q1 あなたが続けてきたことで、
やめるかどうか迷っていることは何ですか？

Q2 それをやめた場合、どんな未来が待っていると思いますか？

Q3 それをやめた場合、あなたの気分はどうでしょう？
想像して書き出してみましょう。

Q4 それをやめられない理由は何ですか？
やめない代わりに得ているものは何だと思いますか？

Q5 改めて聞きます。あなたはそれをやめますか、続けますか？

今あなたが決めたことは、あなたが出した答えですから、尊重しましょう。一度決断をしたら、後戻りせず、そのまま突き進むのです。
進んでみて不安に思ったとしても、それは最初だけです。振り返るのをやめましょう。進んでいく中で、新たな答えを見出せばいいのです。
進むことをためらっていると、また同じ問題で立ち止まることになるでしょう。

【何かを新しく始めることへの迷い】

EX.
・このビジネスは成功するのか？
・この人と結婚していいのか？
・本当に海外に引っ越しても大丈夫か？　etc.

Q1 あなたが新たに始めるかどうか、
迷っていることは何ですか？

Q2 それを始めた場合、どんな未来が待っていると思いますか？

Q3 それを始めた場合、あなたの気分はどうでしょう？
想像して書き出してみましょう。

Q4 それを始められない理由は何ですか？
始めない代わりに得ているものは何だと思いますか？

Q5 改めて聞きます。あなたはそれを新たに始めますか、やめますか？

人は環境が変わることを恐れます。今まで続けてきたものを手放すのが怖かったり、新しく始めたことを失敗したらどうしようと不安になったり。

現状維持はラクで不安も少ないかもしれませんが、それ以上成長することはありません。

あなたは、成長のない安心をとるか、不安はあっても成長をとるのか、どちらでしょうか。

THIS IS YOUR LIFE.
DO WHAT YOU LOVE, AND DO IT OFTEN.
IF YOU DON'T LIKE SOMETHING, CHANGE IT.
IF YOU DON'T LIKE YOUR JOB, QUIT.
IF YOU DON'T HAVE ENOUGH TIME, STOP WATCHING TV.
IF YOU ARE LOOKING FOR THE LOVE OF YOUR LIFE, STOP;
THEY WILL BE WAITING FOR YOU WHEN YOU
START DOING THINGS YOU LOVE.
STOP OVER ANALYZING, LIFE IS SIMPLE.
ALL EMOTIONS ARE BEAUTIFUL.
WHEN YOU EAT, APPRECIATE EVERY LAST BITE.
OPEN YOUR MIND, ARMS, AND HEART TO NEW THINGS
AND PEOPLE, WE ARE UNITED IN OUR DIFFERENCES.
ASK THE NEXT PERSON YOU SEE WHAT THEIR PASSION IS,
AND SHARE YOUR INSPIRING DREAM WITH THEM.
TRAVEL OFTEN; GETTING LOST WILL HELP YOU FIND YOURSELF.
SOME OPPORTUNITIES ONLY COME ONCE, SEIZE THEM.
LIFE IS ABOUT THE PEOPLE YOU MEET, AND
THE THINGS YOU CREATE WITH THEM
SO GO OUT AND START CREATING.
LIFE IS SHORT.
LIVE YOUR DREAM AND SHARE YOUR PASSION.

"THE HOLSTEE MANIFESTO" ©2009 WRITTEN BY DAVE, MIKE & FABIAN DESIGN BY RACHAEL WWW.HOLSTEE.COM/MANIFESTO

これは、あなたの人生です。
自分の好きなことをやりなさい。そしてどんどんやりなさい。

何か気に入らないことがあれば、それを変えなさい。
今の仕事が気に入らなければ、やめなさい。
時間が足りないのなら、テレビを見るのをやめなさい。

人生をかけて愛する人を探してるなら、それもやめなさい。
その人は、あなたが好きなことを始めたときにあらわれます。
考えすぎるのをやめなさい、人生はシンプルです。

すべての感情は美しい。食事を、ひと口ひと口味わいなさい。
新しいことや人々との出会いに、心を、腕を、そしてハートを開きなさい。私たちは、お互いの違いで結びついているのです。

自分のまわりの人々に、何に情熱を傾けているのか聞きなさい。
そして、その人たちにあなた自身の夢も語りなさい。
たくさん旅をしなさい。
道に迷うことで、新しい自分を発見するでしょう。

ときにチャンスは一度しか訪れません。しっかりつかみなさい。
人生とは、あなたが出会う人々であり、その人たちとあなたが作るもの。
だから、待っていないで作りはじめなさい。

人生は短い。情熱を身にまとい、自分の夢を生きよう。

——NYにあるエコデザインベンチャー企業HOLSTEE社のマニフェスト（社訓）。世界中で驚くくらいのひとにシェアされた有名な文章です。

おわりに

モナコにて、過去の自分・未来の自分との対話

自分と向き合っていくことは、死ぬまで続いていきます。
「こんな自分はイヤだ！」なんて思っても、体を入れ替えて、だれかになることはできません。

幸せになる一番の近道は、今の自分を受け入れ、愛すること。
「何者かになれたら、自分を愛せる」という考えのままでは、たとえその現実を手に入れたとしても、また何かになりたいと願う自分が出てきてしまい、いつまでたっても幸せにはなれません。

この「自分を受け入れて、自分を愛する」過程として、この本の質問が大きな助けとなるでしょう。
「はじめに」にも書きましたが、私はこの本にある質問を20歳のとき、ロンドンへの一人旅の２週間でくり返し行い、そこから今まで16年間続けてきています。

ですから、**自分のことはだれよりも知っているつもりですし、そこに自信があります。これが生きる自信となっています。**

私はロンドンで一人旅の素晴らしさに気づいてから、世界30カ国以上を旅してきました。その中で一番思い入れのある場所がモナコです。

はじめてモナコに行ったのは23歳で、ヨーロッパでの買いつけの仕事を手伝っていたときに、たまたま立ち寄りました。

モナコといえばF1で有名ですが、同時に世界のお金持ちたちが住む、洗練された地という印象ですよね。当時、若かった私は大興奮し、憧れの地に自分がいるなんて夢のようで、コート・ダジュールの景色を眺めながら、その感覚に浸っていました。

モナコの街でも少し時間があったので、一人でグランカジノの広場にあるカフェ・ド・パリでお茶をしながら、自分と向き合うワークをしていました。

「これから私はどうしたい？ 何をする？ だれと出会う？ どんな自分になりたいの？」

こんなことをたくさん自分に質問し答えていくうちに、3年前にロンドンでひたすら自分と対話していた自分にタイムスリップしていました。

モナコにいる“今の自分”と、ロンドンにいたときの“過去の自分”がドッキングして、その自分同士が会話を始めたのです！

「あれから3年経ってみてどう？ あのころ書き出したこと、実現してる？」「私はあれからこんなことがあってね、今こうなっているの！ あのとき誓ったこと、ちゃんと実現したんだよ！」といった具合に。

私には、このタイムスリップの感覚がとても衝撃的で、「この場所にくると過去の自分と対話できるんだ！」と感銘を受けたのでした。

そうはいっても、またモナコに来る機会なんてないかもしれない……と現実を見ては、寂しい気持ちになっていました。しかし、潜在意識の自分はこのことをちゃんと覚えていてくれて、それから3年後に、また訪れるチャンスを手に入れたのです。

このときは3年前、モナコにいた“過去の自分”と対話をしたのですが、ふと「未来にもコンタクトできるのではないか？」と思い、“未来の自分”にコンタクトしてみました。

「私はこうやって、なりたい自分や夢を実現してきました。未来のあなたは、きっと今の私の夢を叶えているよね？ 私、絶対そこに行くから、見ていて！ 待って!!」といった具合に。

その、過去の自分・未来の自分との対話を、どうしてもたくさんしたくて、それからはなんと毎年モナコを訪れるようになったのです……！

あなたがこの本を通じて、自分と仲良くなり、たくさんの愛を感じ、豊かで幸せな人生になることを心から願っています。

長谷川朋美

長谷川朋美（はせがわ・ともみ）

株式会社 LUMIERE 代表取締役 / 作家
1981 年生まれ。千葉県出身。10 代で上京し、当時ブームだった SHIBUYA109 のカリスマ店員として活躍、様々なメディアに取り上げられる。その後、22 歳で起業。8 年間で 6 店舗のトータルビューティーサロンの経営をしていたが、30 歳の時に 10 年連れ添った夫を突然亡くす。パートナーの死をきっかけに「今日死んでも後悔しない生き方」をしようと決め、サロンをすべて手放してゼロから再スタート。世界中を旅しながら、それまで培ってきた知識や経験を発信していたことが出版社の目に留まり、2014 年『やりたいことを全部やる人生』（ 大和書房 ）を出版、瞬く間にベストセラーになる。それから国内外での講演活動をはじめ、メディア出演などをしながら 15 冊の本を出版。2015 年に自分と向き合う学校クリエイティブライフアカデミー®(旧ビューティーライフアカデミー®) を開校、 オリジナル手帳の販売やウェルビーイングをテーマとしたオンラインショップやオンラインサロンの運営。常に国内外を旅しながら、心と体の健康・クリエイティブな生き方・エシカルに関する情報・インスピレーション・アイディアを発信している。
※ 2018 年 10 月以降、長谷川朋美を改め、長谷川エレナ朋美で出版 / 配信を行っている。

写真　no111 BLOOM（オビ・P.1・P.21・P.127）
ヘアメイク　REGALO.YUKA（オビ・P.1・P.21・P.127）
店舗情報　エスメラルダ（オビ・P.1）
住所：神奈川県三浦郡葉山町堀内997-20-A
FACEBOOK：@esmeralda.hayama
Sunny Funny Days（オビ・P.1・P.21）
住所：神奈川県三浦郡葉山町一色2378-3
WEBSITE：https://www.sunnyfunnydays.com

自分の人生が愛おしくてたまらなくなる
100の質問ノート
自分を最強のパートナーにするセルフコーチング【完全版】

2018年 2 月20日　第 1 刷発行
2024年11月17日　第15刷発行

著者　長谷川朋美
発行者　佐藤 靖
発行所　大和書房
東京都文京区関口1-33-4
電話　03-3203-4511
ブックデザイン　吉村 亮、望月春花（Yoshi-des.）
カバー印刷　歩プロセス
本文印刷　光邦
製本所　ナショナル製本

ISBN978-4-479-79629-9

http://www.daiwashobo.co.jp